旷世才情成就不朽传奇，孤高傲然穿过百年风雨。

因为懂得，所以宽容

——张爱玲传

含瑛 /编著

吉林出版集团股份有限公司

图书在版编目（CIP）数据

　　因为懂得，所以宽容：张爱玲传 / 含瑛编著 . --

长春 : 吉林出版集团股份有限公司, 2019.1

　　ISBN 978-7-5581-6261-9

　　Ⅰ . ①因… Ⅱ . ①含… Ⅲ . ①张爱玲（1920–1995）

– 传记 Ⅳ . ① K825.6

　　中国版本图书馆 CIP 数据核字（2018）第 288244 号

YINWEI DONGDE　SUOYI KUANRONG　ZHANG AILING ZHUAN
因为懂得，所以宽容：张爱玲传

编　　著：含　瑛
出版策划：孙　昶
责任编辑：于姝姝
装帧设计：韩立强
出　　版：吉林出版集团股份有限公司
　　　　　（长春市福祉大路 5788 号，邮政编码：130118）
发　　行：吉林出版集团译文图书经营有限公司
　　　　　（http://shop34896900.taobao.com）
电　　话：总编办 0431–81629909　营销部 0431–81629880 / 81629900
印　　刷：天津海德伟业印务有限公司
开　　本：880mm×1230mm　　1 /32
印　　张：6
字　　数：135 千字
版　　次：2019 年 1 月第 1 版
印　　次：2021 年 5 月第 3 次印刷
书　　号：ISBN 978-7-5581-6261-9
定　　价：32.00 元

前言

　　张爱玲一直以来都是一个说不尽的人物，有着说不尽的话题，她像一部未完的《红楼梦》一样引得世人对她进行各种解读。有人说她是个天才，才华横溢；有人说她性情孤僻冷傲，不近人情；有人说她无情自私，毫无安全感；有人说她痴心，被人伤害了却不知反抗……

　　众说纷纭，莫衷一是。在中国，她是文艺青年口中的谈资，人人都可以发表自己对她的看法，然而却没人敢说自己懂得她、理解她——就像没人敢说自己读懂了《红楼梦》一样。

　　第一次读到张爱玲的作品便是一直广受好评的《倾城之恋》，她的语言文字仿佛有种魔力，使你在初见的时候便感到一种猝不及防的惊喜。她就像一片无垠的绿色里突然冒出来的一朵姹紫嫣红的花，难怪胡兰成日后形容她是"临水照花人"。

　　从那时开始，我便尝试着阅读她的作品，搜集一切能够读到的文字，从小说到散文，从剧本到翻译作品，从知名作品到散佚作品，我像一条水蛭一样紧紧地吸附其上，舍不得错过任何熟悉她的机会。

　　这样断断续续但持久坚韧的爱，至今已经十四年了！她的作品陪伴我从懵懂的少女到日渐成熟的女人，是她用通透的智慧教给我许多人世的荒谬与不确定。

读张爱玲的作品，却完全感觉不到所谓神仙眷侣的仙气，处处写实，因为真实永远比传奇更有吸引力。尽管张爱玲写了一本《传奇》，然而她的传奇也是普通人的传奇，她热爱普通人的生活，因为那是生活的底色。

她的轨迹并非只有香港的"传奇"，上海的"流言"，这些只是她漫长人生一个辉煌的起点，她还有无尽的美国岁月。她的前三十年像过山车一样惊险刺激、五彩缤纷，她的后半生却悠长得像永生的历史。

上海时期的她是戏剧化的、传奇性的，有点像小说；美国时期的她更像平平淡淡的散文。前半生她像个小说家，后半生她更像个学者。

这些林林总总的印象，或许也难免落入"自以为是"的俗套，然而，我愿意抛开既定标签，力图觅得一个较为像样的张爱玲。

我自己也清楚张爱玲的伟大，我的再多努力也避免不了"盲人摸象"的可能。她像曹雪芹一样，是一口取之不尽用之不竭的深井。

编著者

目录

落尽繁花

悠长得像永生的童年，相当愉快地度日如年——再怎么悠长的岁月，有一天也会心头一颤，怎么说完就完了？从前觉得度日如年的快乐，都会变成将来惆怅的记忆。

　　我没赶上看见他们，所以跟他们的关系仅只是属于彼此，一种沉默的无条件的支持，看似无用，无效，却是我最需要的。他们只静静地躺在我的血液里，等我死的时候再死一次。我爱他们。

　　　　　　　　　　　　　　　　　——张爱玲

　　大约天才就该是这样的——要么出生在贫穷之家，要么出生于没落贵族。不知是缺钱少衣能够引起人的斗志，还是因为急景凋年容易让人敏感多愁，总之，天才们从一出生就注定了要走这样一段人生。

　　长的是磨难，短的是人生。张爱玲如是说。

　　"我们也许没赶上看见三十年前的月亮。年轻的人想着三十年前的月亮该是铜钱大的一个红黄的湿晕，像朵云轩信笺上落了一滴泪珠，陈旧而迷糊。老年人回忆中的三十年前的月亮是欢愉的，比眼前的月亮大、圆、白；然而隔着三十年的辛苦路往回看，再好的月色也不免带点凄凉。"

　　这是我们熟悉的《金锁记》，开篇苍凉的月色铺满了整个故事，像笼罩了晕黄的丝织物，那织物虽贵重，却总有点儿轻飘飘的距离感——1920年的夜晚，中秋才过了几日，毛茸茸的月亮照着上

海公共租界的一处中西合璧的老房子。老房子靠近苏州河，藤萝爬满了院墙，从外面看倒还是一处幽雅的居所，只是凑近了才闻到一股铜绿发霉的腐朽味道。

张爱玲就出生在这样的老房子里，很多年以后当她从天津的家返回上海时还跟着保姆何干一起回访住在那里的大爷大妈，对老房子影子似的往下沉的感觉依然触目惊心。好在，那一晚，她还只是个粉红色的婴孩。当她睁开好奇的双眼开始打量这个世界的时候，不知第一眼看见的是不是她那位美丽非凡的母亲——黄素琼。母亲黄素琼将她交给老妈子何干。何干是张家的老人了，服侍过老太太——李鸿章的女儿李菊藕，张爱玲的奶奶，连带着又养大了她的父亲张志沂（字廷重）、姑姑张茂渊。她出生的时候，这个曾经的簪缨世家只剩下了空壳子，像夕阳的余晖一样，看着和煦但终免不了西沉的一日。夕阳无限好，只是近黄昏。

然而，瘦死的骆驼比马大，光父亲这一边继承的祖宗家业就有安徽、天津、河北等地大宗土地，南京、上海等处房产八处。

此时，她的奶奶已经过世好几年，而爷爷张佩纶则更早。"我没赶上看见他们，所以跟他们的关系仅只是属于彼此，一种沉默的无条件的支持，看似无用、无效，却是我最需要的。他们只静静地躺在我的血液里，等我死的时候再死一次。我爱他们。"后来的她曾说过这样动情的话，对一向"寡情"的张爱玲来讲，这也许是最深情的告白了。

当年张佩纶与李菊藕的婚姻也算是一时佳话。张佩纶原先娶过两任夫人，先后病故，待到四十岁的时候反倒成了一身拖累的光棍汉，奶奶李菊藕容貌清丽，样貌很是端庄，嫁给张佩纶的时候，自己还是个姑娘，却要学着做人家的后母。在这一点上，她与张爱玲的后母颇相似。

后来的张爱玲对爷爷很感兴趣，而姑姑张茂渊则直说爷爷配不上奶奶。没错，姑姑的美貌遗传是奶奶的——虽然她自己觉得长得像爷爷多一点。

张佩纶祖上是河北丰润人，算是"耕读世家"。他个性猖急耿直，书生意气，在朝中与同辈张之洞等人常常语出惊人，因倾慕明末东林党，遂自称他们是"清流党"，光听这名字就可得知他是有多讨厌"浊流"了。

他甚至公然反对过李鸿章，只是不知为何李鸿章非但没有计较，反而在他政治上走下坡路的时候伸出援手，将爱女李菊藕嫁给他。后来张爱玲的弟弟张子静在回忆文章里提及，李鸿章大约是因为体恤故人之子才"出此下策"。李鸿章的夫人十分不乐意，自己的女儿花容月貌，对方已经年过四十还是个"罪臣"，将女儿嫁过去简直是自讨苦吃。做母亲的总是比父亲多一点疼爱，这是"国际惯例"。

据说当时的张佩纶被曾朴写进了清末著名谴责小说《孽海花》——后辈们好奇的时候就看《孽海花》去追寻先人的踪迹，张爱玲稍长的时候总问父亲，奈何父亲一味辟谣，告诉她全是假的，令她失了兴味。她转而去询问姑姑，姑姑却说："我们是没办法，受够了，现在不兴这个，你们这一代要向前看……"多么英气的姑姑！

受够了什么呢？显然不是张佩纶，想来应该是受够了所谓大家族的虚妄与道德的虚伪，像《红楼梦》中的探春一样，要么希望自己是个男儿身，要么幻想自己出生在一个寒门小户里还能享点家庭的温馨。

爷爷张佩纶是名重一时的文人，但终其一生他也只是个文人，政治上的作为与他的老丈人李鸿章是不可比拟的。

人人都说张佩纶与李菊藕的结合是佳偶天成，张爱玲却说奶奶并不怎么会作诗，存下的一首诗还是经过爷爷润色的。胡兰成在《今生今世》里说她这样舍得破坏佳话，所以写得好小说。

张佩纶去世的时候，儿子张志沂只是个七八岁的孩童，女儿张茂渊两三岁，对他似乎没留下什么特殊的印象。李菊藕对子女的培养深深地影响了他们的个性，乃至后来张爱玲一切成长的遭遇都与此有关。

一般说来，母亲独自带大的男孩通常性格温顺，敏感细腻，而一手培养的女孩则常有着独立自主的坚强。

关于张爱玲父亲与姑姑的成长，她在自传体小说《雷峰塔》里通过几个老妈子的嘴有过清晰的描写。李菊藕不知出于何种缘故，将男孩当女孩子养，却将唯一的女儿当个男孩子一样散养。张志沂幼年常常穿着女孩子气的衣服，不大出门，有时偶尔出门，清瘦的身子必定挨着墙角走，面色苍白，身形瘦长，仿佛一阵风就能吹倒了似的，活脱脱一个女子气的男人。

兄妹两个如此不同，这为他们日后因意见不同而分道扬镳埋下了祸根。世间万物看起来是那样的偶然，因为它只给我们呈现它的结果，必须掰开果子看到内里方能见着那让人疼痛的因。

如果说张佩纶与李菊藕的婚姻还算是伉俪情深、情投意合，那么当年倔强的黄素琼与张志沂的婚姻则是真正的媒妁之言、父母之命了。黄素琼的爷爷是长江水师提督，母亲是黄家从湖南买来的小妾。姨太太出身，一生要强，生怕别人瞧不起。

黄素琼与张志沂定的是娃娃亲，在她还是个幼儿的时候大人们早已将她一辈子的幸福托付给另一个孩童——张志沂了。他们不曾去想黄素琼的未来，反正祖祖辈辈都是这样过来的，也没见天塌地陷了。

她与张志沂不同。黄素琼虽然裹着一双小脚，却是深一脚浅一脚踩着新思想一路走过来的，内心清刚要强，从不服输，有了孩子之后的她总是对张爱玲说她们那一辈的女人没得选择，想去读书都不行，一心一意地将满腔希望寄托在女儿身上。

"我们湖南人是顶勇敢坚强的！"这是她时常挂在嘴边的话。她生得美丽，在张爱玲的记忆里她的形象永远是朦胧的洋装，还有湖蓝水绿一样葱茏的色彩——如果遗传真有那么神奇，我们也许该感叹，张爱玲终其一生对鲜艳色彩的爱好可能来自她这个学油画的母亲。她晚年在美国的时候，甚至将地板都涂满这种蓝绿色。

也许，那时候的她怀念的是小时候在天津的时光吧，一张她三岁模样的照片，胖嘟嘟的很是可爱，剪着齐眉的刘海儿，端坐在凳子上，母亲为她的照片着色，用的就是那种蓝绿色。

黄素琼的勇敢强势遇上张志沂的温柔适意，原本该是多好的一对璧人。张志沂学识渊博，浑身透露的是中国旧文人的儒雅与闲适，出了名的好脾气。只可惜，他们生错了年代，再不能一如先辈们那样生活。

黄素琼那面的"新"与"强"，与张志沂那面的"旧"与"弱"，像两条平行线一样，无论怎样努力都没有思想的交集。他们没法像过去的人一样——夫妻性格互补而凑巧拼成一个圆。

长大后的张爱玲也奇怪母亲缘何要嫁给父亲，母亲只幽幽地说，你外婆要强好面子，已经定下的婚事如果悔了，岂非要别人看笑话？！

是的，旧中国的父母们就是这样狠心，为了所谓家族的荣耀，将儿女们一生的未来维系在某个完全陌生的人身上，他们自己也是这样，摸爬滚打一辈子蹚过岁月的河流，自信靠着一股"摸石头过河"得来的经验完全可以让他们与幸福结缘。一旦过了婚姻那道门，此后流泪还是流血全看她自己的造化了——嫁出去的女儿泼出去的水，这是我们中国人的信条。

为此，黄素琼顶讨厌的是男尊女卑的思想，后来她着意培养女儿忽略对儿子的照管，也许还有这一层补偿心理。

如果不是这一早已经签订的婚书，世上也许少一个天才女作家，但是会多出两个平凡而幸福的家庭吧。黄素琼自己后来也说：你爸爸年轻时候倒是不难看，挺秀气的。假如他遇上了一个爱他的女人，情况可能就不一样了……可惜，这世间令人感到最无可奈何的就是"如果"两个字。

　　没错，她不爱他，从一开始就是如此。她抗拒着他的一切，张志沂却始终对她怀有一份难以言传的爱意。她漂亮、自立、勇敢、坚强，每一种都是他周围的女人罕有的，她对他而言像是一个美丽新世界。他也曾用心想要走进去，奈何他清瘦的身躯无论如何也打不开通往幸福的那扇门。

　　这个自信满满的女人带给他一生的怀想与自卑，让他在日后每一次想要亲近她的时候，内心总觉得有密布隔膜般的哀伤。

　　过了几年，他们家举家迁往遥远的北方——天津。离开祖辈的老房子原因别无其他，只是黄素琼与张志沂同父异母的哥哥一家处不来，妯娌之间尤其不和。

　　有人的地方就有战争，有女人的地方常年硝烟弥漫。

　　黄素琼固然不是一个好伺候的人——张爱玲在《易经》中就曾这样毫不留情地说道，但她那个贪钱的大爷大妈只怕也不是什么省油的灯。连累着日后两家还要为爷爷奶奶留下的一点家业打官司，想来簪缨贵胄的生活确实也有不得已的辛酸。

姐姐在才情上遗传了我父亲的文学与我母亲的艺术造诣，但在相貌上她长得较像父亲：眼睛细小，长身玉立。我则较像母亲：浓眉大眼，身材中等。不过在性格上又反过来：我遗传了父亲的与世无争，近于懦弱，姐姐则遗传了母亲湖南女子的刚烈，十分强悍，她"要的东西定规要，不要的定规不要"。

——张子静

这个粉嫩的女婴满周岁了，她咧着嘴笑着面对周围的世界，这个充满烟火气的尘世多美好。她终其一生对凡俗世界都有着异乎寻常的热爱，好好活着比什么都重要，她曾这样说过。她爱人生。

家里还是老法子，在满周岁的时候给孩子准备各色东西以检测孩子们的志向。大红的漆盘里摆了一支毛笔、一个顶针、一个红丝线穿起来的古铜钱、一本书、一个骰子、一只银酒杯、一块红棉胭脂等。老妈子们表现得比张志沂和黄素琼两个人还要紧张，仿佛这个小婴孩的未来全在抓周这件古老而神秘的事情上。

她伸出粉嫩的小手一把抓住毛笔，然后似乎还不满足似的又抓了下胭脂——张爱玲在另一篇散文作品《童言无忌》中又说抓的是小金镑和笔，但无论怎样，笔总是第一位的，至于爱美与爱财，倒也是真的。

张志沂凝重的脸上现出几分轻松的快意，老妈子们赶紧附和着说小姐将来是个顶爱美的人呢——她们不提毛笔代表的那回事，在她们心里哪有女人当先生的？作家是什么，更是听也没听过的名词。

此际大着肚子的黄素琼约略也是满意的，毕竟这个女孩子的未来原来还可以这样期待，即便知道这是古老的骗人把戏，心中还是忍不住欢腾——她本是这样的毫无选择，女儿的人生应当别有一番天地吧？

几个月后，在一个寒冷的冬日，黄素琼为张家诞下一个万众瞩目的小少爷，给他起名小魁——单看这名字很容易让人联想到"文魁"这样的字眼，可见张志沂自己虽看不见出路却依然对下一代寄予厚望，而那个一岁多的小女孩则被唤为小煐，完全没了小魁的气势。

小魁的出生为这个正日益像影子般往下沉的旧家庭带来一丝甜蜜的宁馨，此时的父亲还没有沉沦在狎妓、纳妾和赌博里，而再为人母的黄素琼也是满心喜悦，尽管心中的某个角落里早已埋下出走的种子，但此际她已经是两个孩子的母亲，"母亲"两个字带给她的责任与分量让她暂时无暇分身，囿于这片安稳而保守的小天地。

小煐初时对这个新来的玩伴约略也是兴奋开心的，只是随着年岁的渐长，她渐渐地从一些细微的地方觉察到家里的变化。她与黄素琼小时候一样很早便感知到男女不平等的问题，在那样一个旧家庭中男尊女卑的思想无须出口已经很伤人——全在一言一行中，哪里还需过多言语？

后来她的弟弟张子静说他们的母亲黄素琼一生最恨男女不平等，裹小脚便是他童年所能感到的母亲的愤懑。在张爱玲幼小的时候，母亲总是不住提醒她一个女孩子要如何自立图强。黄素琼看到家里老妈子的势利后，总不忘强调一句："现在不兴这个了，都讲究男女平等了！"

老妈子对她的话阳奉阴违，满面带着狐疑的笑，只轻轻地"哦"了一声，将所有的不屑与不信全抛撒在那一声低沉的"哦"里面。

在《我的姐姐张爱玲》一书中，张子静这样写道：姐姐早慧，观察敏锐，她的天赋资质本来就比我优厚。那么幼小的年纪，已经知道保姆的勾心斗角，她后来在《私语》里说，带我的保姆张干，"伶俐要强，处处占先"；领她的何干，"因为带的是个女孩子，自觉心虚，凡事都让着她"。因此她说："张干，使我很早地想到男女平等的问题，我要锐意图强，务必要胜过我弟弟。"

《雷峰塔》里关于保姆的偏心有着活灵活现的体现，弟弟吃饭不小心掉了一根筷子，就是好兆头——筷子落了地，四方买田地。

若是姐姐掉了筷子，保姆就高声说："筷子落了土，挨揍又吃一嘴土。"张爱玲不服气，便嚷嚷着说她也能买田地，小小的她便知道这个世界如何为难着一个女人。可是保姆告诉她女人不能买田地，甚至她也不姓张，她姓"碰"，碰到哪里是哪里。多么悲哀，才出生，命运已被写好脚本，千千万万的中国女性只需要老实本分地倾情演出。

她抓周时家里没人太当回事，可是轮到只比自己小一岁的弟弟时情形则又不同。"好东西总搁得近，铜钱、书、毛笔。骰子和酒杯都搁得远远的，够不到。"于是，小魁便抓了铜钱，丫鬟讨好地说他将来会有钱——如果人能够预测未来，该是多么悲怆的一幕。

成年后的张子静一生未娶——他唯一从父亲那儿继承到的遗产便是上海的一处只有14平方米的小屋，最后孤独地老死在那里，比姐姐的苍凉结局还令人唏嘘。

可是，抓周这个古老的游戏在他们姐弟两人身上，似乎又有神奇的预言功效。姐姐抓了毛笔与胭脂——张爱玲终其一生笔耕不辍，并且极其爱美，而弟弟抓到了铜钱——张子静曾经长期在中央银行的扬州分行与无锡分行工作。

或者，我们愿意相信有些东西冥冥中自有天注定，那些我们所不能解释的事情，往往统称为命。

有人说中国人没有信仰，我以为中国人有着朴素的信仰——命运，但凡在人海里沉浮个几十载之后的男男女女，总是会哀叹一句：不服不行啊，这是命。

倘如此，也许张爱玲后来的遭际是命中注定。这个自小被周围视为天才的小姑娘，对弟弟有着异乎寻常的感情——半是怜爱半是嫉妒——嫉妒他是个男孩子，可以不用锐意图强便能继承祖业，不用害怕未来的各种不确定。

小小的她那么早便能从保姆的态度里看出自己地位的高低来，这般早慧日后成就了她，也毁了一个女人的幸福——太过锐利而通透的女人，如何获得俗世的幸福？

　　"姐姐在才情上遗传了我父亲的文学与我母亲的艺术造诣，但在相貌上她长得较像父亲：眼睛细小，长身玉立。我则较像母亲：浓眉大眼，身材中等。不过在性格上又反过来：我遗传了父亲的与世无争，近于懦弱，姐姐则遗传了母亲湖南女子的刚烈，十分强悍，她'要的东西定规要，不要的定规不要'。"长大成人的张子静这样形容姐弟两人的不同，只是那会儿姐弟俩已经几十年未曾见过面，姐姐再也看不到弟弟写下的这番话。想来真是令人唏嘘。

　　无论如何，这个小生命的到来改变了她在家中的地位，并且陪伴她在以后漫长的成长岁月中，一起经历喜忧参半的童年。这个家族的平顺与波折，他们曾并肩迎立过，共同泡着这个家里的酸风甜雨，最终却酝酿出迥然不同的命运。也许，这正是命运的玄妙之处，无法让人一眼洞穿，只得跟着它的剧本不停往前走，不到最终谢幕无法得知它为我们准备了什么样的人生。

一切的繁华热闹都已经成了过去，她没有份了。即使穿上新鞋也赶不上了。

——张爱玲

旧历年的清晨家家户户放鞭炮，"爆竹一声除旧岁"，何等的喜庆。对于一个几岁的孩子来讲，再没有什么事比过年还要值得等待与庆祝的了。

那一年，母亲已经远走欧洲，对于一个没有母亲的家来说，她是多么渴盼新年里别人家的鞭炮声来为她祝福。头天晚上她说要守岁，这样就能够看到清晨的热闹了，老妈子何干不让。她心疼大小姐，承诺早晨早点叫她起来。

她放心地入睡，

梦里都是人家的热闹与繁华，
等醒来才发现已经晚了，来不及
了。"一切的繁华热闹都已经成了过
去，她没有份了。即使穿上新鞋也赶不
上了。"好似那个曾经声名显赫的大家
族一样，她没等到看见繁华，已经日
薄西山了。

　　花无百日红，一个家族就像一
朵花没有永远兴盛的可能。她一睁
开眼看见的已经是露滑霜重的晚秋，肃
杀颓丧，鲜花着锦的日子一去不返，那
朵娇俏妩媚的花朵早已被绣在锦缎上——仅
供凭吊，没有生命。

　　不知是不是因为她出生在一个有月亮的
晚上，此后的人生她格外地喜欢月亮，对月
亮的描写常常千奇百怪。但无论是何种月色，
到了她的笔下，留下的只是苍凉与凄怆，即
便是柔美如朵云轩信笺上的一滴泪——还是凄然。
　　"过三十岁生日那天，夜里在床上看见阳台上的
月光，水泥阑干像倒塌了的石碑横卧在那里，浴在晚唐的
蓝色的月光中。一千多年前的月色，但是在她三十年已经太多，
墓碑一样沉重的压在心上。"这段《小团圆》中的文字，读来不
免让人有种凄惶的阴郁之感，月色那么美，可是到底是晚唐时候

了——盛唐已经过了，所有的鼎盛、所有的繁华早已成为明日黄花。

所谓名门望族，所谓钟鸣鼎食之家，到了她那时只剩下空壳子，就是这个空壳子还要像墓碑一样沉重地压在每个生活在这里的人心上——背不动也得背，因为这是无法选择的包袱。

晚年的张爱玲还曾写信给好朋友宋淇说这是她的所有，也是她的包袱，她得永远地背下去，甩也甩不掉。

族人的荣耀或许没了，时代已经变了，还有更大的毁坏要来，一早她便知道这样的道理。但是家里的规矩还没有变，像一个校不准的时钟一样滴滴答答敲着不相干的钟点，一切还要按照旧时的礼法来，诸如长嫂如母、长兄如父。

张家就是这样一个老时钟，尽管它已经校不准周围世界的钟点，却还在慢悠悠地按照它独有的步伐往前走——不到那一刻真正来临，它就一直这样，拖着经年累月积攒的风霜佝偻着身躯，向前，向前，向前——它的向前也不是"前"，只是漫无目的地立在那儿，在时间的无涯的荒野里，四下张望，看不清来时的路，也望不见前行的路标。茫然是这座老时钟的标签。

黄素琼嫁过来五年后才生了小煐，此时的李菊藕早已经驾鹤西去。在张佩纶抑郁而终后，她独自抚养一子一女，同时操持着偌大的张宅——表面上是她当家，事实上，当家的一直是张志沂的哥哥，那是张佩纶前妻所生之子。

李菊藕曾接连三年遭遇丧父、丧兄、丧夫，精神压抑不堪重负，最终在四十六岁那年撒手人寰，留下了只有十六岁的张志沂和十一岁的张茂渊。

因为懂得，所以宽容
——张爱玲传

本来哥哥嫂嫂对他们心里多少有点畏惧，如今只剩两个没成年的孩子，自然大咧咧地当起了家。他们住着李菊藕当年陪嫁的老房子，与张志沂一家一起，像所有旧中国的大家庭一样。

　　张爱玲就是出生在那所大房子里，那时她的母亲黄素琼还是个刚嫁过来几年的女人，在张家她根本说不上话，加之张志沂个性较为懦弱，凡事退让，这让黄素琼很是看不惯，何况她本身就是个十分要强的女人。张子静曾经说过男尊女卑的思想是他母亲最不能忍受的事情，她后来漂泊一生所要追求的无非是自由与平等而已。

　　黄素琼与哥哥嫂嫂处不来，觉得处处受到掣肘，一直想要脱离老房子——这大约与今时今日希望独立不与父母同居一室的子女一样。哥哥嫂子还是过去的思想，认为长兄如父、长嫂如母，希望他们能够听从哥嫂的一切安排，倘若是张志沂那样温和退让的个性倒也罢了，相安无事总是能够的，但黄素琼绝不能忍受被这样呼来喝去。为此，她与他们产生了不小的矛盾。

　　爱一个人常常是从细微处体现出来，而厌憎一个人也同样如此，那些琐碎的平凡小事最能消磨一个人的感情，就像后来张爱玲自己所说的一样"那些琐屑的难堪，一点点的毁了我的爱"。

　　在这个看似很大实则狭窄的世界，哪一种爱不是千疮百孔？完美主义者长吁短叹，过于乐观的人则难免失望，只有像张爱玲这样透彻的人才会说出这样极富悲悯的话吧。

　　黄素琼想与哥哥嫂嫂分开另起炉灶，可是却苦于没有一个正当的借口。中国就连行军打仗都讲究个"师出有名"，仿佛非得找个道义上的理由才能站得住脚。分家也不例外。

　　就在黄素琼一筹莫展的时候，张志沂在天津的堂兄张志潭，当时任交通部长一职，给他谋了个铁路局英文秘书的职位。于是，他们一家便顶着这个理由浩浩荡荡地北上，那一年小煐两岁，弟弟小魁才一岁多。姐弟俩记忆可能有所偏差，弟弟记得的是姐姐四岁时举家迁往天津。

　　像笼中的鸟儿突然被放飞，第一个感觉也许不是自由，而是迷茫；像脱缰的马匹，没有羁绊固然可喜，可是却不得不为方向的确立而心焦。使人感伤的是张志沂就是这样一只鸟、一匹马，当他摆脱封建家长制式的约束后，自由来得太快，一下子有点儿不知所措。

倘使，他过去就是一个胸有主见能够决断的男人，便也罢了，离开只会飞得更高、跑得更快，可他偏偏是一株温室里养大的花朵。他年少的时候母亲因为父亲早早过世，对家庭事务心灰意冷。寡母的心常常是死灰一般，除了对两个子女，别的任何事都提不起精神。加之李菊藕本是清末民初的女人，与后来的儿媳妇黄素琼不同的是，当"五四"风潮刮到她的家门时，她早已是一堆躺在黄土下的枯骨。

因而她对子女的教育完全是封闭式的，不敢将独子放出去锻炼，她满心以为那就是保护，她像只护崽的老母鸡一样，一心想用自己残破的羽翼护一双儿女周全。由于担心张志沂离家会跟着一帮族内男子学坏，因而张志沂一直像个养在深闺中的花朵。倒是他的妹妹张茂渊，从小胡打海摔地成长为一个独立坚强的女性。兄妹俩若换个性格，怕也没有后面的故事了。

张志沂在这样的环境中长大，使得他养成了凡事依赖和退避的个性，不喜欢与人争执。及至后来，母亲故去，哥嫂又代行父母之职——张志沂的二哥比他年长十七岁。

一个男人，从小到大，没有为自己的事情发过愁，过着饭来张口衣来伸手的日子，但是他也失去了为自己选择替自己决定的机会，就连他的婚姻也是别人一早牵好的姻缘，他似一个木偶般不能有自己的意见。

每每想到张志沂的前尘往事，总觉得有种末路的荒凉之感。他读"四书五经"，旧学样样精通，以为可以像祖辈那样扬名科场，孰料 1905 年清廷取消了科举考试。这条路算是彻底封闭了。后来他也学英文，他的家里甚至订了英文报纸，但总有种这样的感觉：

像墙上一幅美丽的画，
画中的鲜花无论多么璀璨
却无法芬芳你的心房。

他这样一个清朝遗少，命运对
他没有展现出过多的宽厚，他总是那
样谦和，为了一家子的和顺。当黄素
琼与他的嫂子发生龃龉时，他像是个
夹心饼干般无所适从。在婚后的一段
时间内，他的日记里充满了"莹归宁"
这样的字眼——归宁是妻子回娘家的旧称，
他的娇妻在老房子里受了委屈，隔三岔五地就
要回娘家诉苦，他作为一个男人无能为力，这种深深
的无力感，也许每一个有了婚姻的中国男人都体会过吧？

那时候的他们感情尚可，还没有过多的争吵，即便有，也是
为了他们的哥嫂。有共同的"敌人"，他们的矛盾还没有那么快
显现出来。

当一切矛盾的根源被冬雪般深深掩盖的时候，我们总意识不
到厚厚的雪层下面是一群蠢蠢欲动的生命——希望与伤害都被包
裹在白茫茫的一片天地中，只待一个冰雪消融的机会。

我母亲虽然出身传统世家，但思想观念并不保守。尤其受到"五四运动"及自身经验的影响，她对男女不平等及旧社会的腐败习气深恶痛绝。对于父亲的堕落，母亲不但不容忍，还要发言干预，这就和我父亲有了矛盾和对立。

——张子静

行将奔走的 灵魂

　　离开了一直辖制着他们的同父异母的哥哥嫂嫂，张志沂夫妻俩一时间像重获自由的鸟儿，漫无目的地飞——漫无目的也比囚禁了羽翼来得要好。这一点，无论如何是改变不了的。

　　他们开始了一段"肆意妄为"的日子，过了一段开心的生活。"我记得每天早上女佣把我抱到她床上去，是铜床，我爬在方格子青锦被上，跟着她不知所云地背唐诗。她才醒过来总是不甚快乐的，和我玩了许久才高兴起来。我开始认字块，就是伏在床边上，每天下午认两个字之后，可以吃两块绿豆糕。"

　　有母亲的日子，阳光都是和煦的，连空气中都飘着一股甜腻的香气，张爱玲后来形容在天津的家里常有种春日迟迟的感觉——也许那股子慵懒和安定才是家的底色吧？

　　只可惜春太短，眨眼工夫就到了肃杀而萧瑟的秋。像一个一夜暴富的穷人一样，多数人是不懂珍惜眼前的光阴的，只会一味挥霍他的所有。所谓来得快往往去得也快，世间事有时就是这样经不起推敲。

张志沂对突如其来的自由内心自然是欣喜的，终于没人管着他了。中国的男人是多么惧怕大家长的管理，而中国的女人又是有多么喜欢"管理"男人？这才是悲剧的源头，也是矛盾重重的根源所在。

"我开始有记忆的时候，我们家已经从上海搬到天津，住在英租界一个宽敞的花园洋房里。那是1924年，姐姐四岁，我三岁。那时我父亲和同父异母的二哥分家不久，名下有不少房屋、地产。我母亲也有一份丰厚的陪嫁，日子本来过得很宽裕。但不久我父亲结识了一班酒肉朋友，开始花天酒地，嫖妓、养姨太太、赌钱、吸大烟，一步步堕落下去。

"我母亲虽然出身传统世家，但思想观念并不保守。尤其受到'五四运动'及自身经验的影响，她对男女不平等及旧社会的腐败习气深恶痛绝。对于父亲的堕落，母亲不但不容忍，还要发言干预，这就和我父亲有了矛盾和对立。"

张子静曾经这样描述过他的父母。对这样的父亲——吃、喝、嫖、赌样样都来的男人，做子女的心中多少也有些失望吧。

他将从前不得志的种种忧郁与苦闷全抛撒在了烟铺上、妓女的胸脯上、骰子的点数上。他是寂寞的，说出这样话的不是他心爱的妻子黄素琼，也不是他的继承人张子静，而是后来差点儿被他打死的女儿——张爱玲。

张爱玲说爱固然是种认同，但恨有种奇异的了解。

张志沂自己
虽是个软弱的男
人，但骨子里所受的
儒家教育还是有着十分深厚的
影响。"夫为妻纲"，他一定
是这样认为的吧。他还保留着一
切封建社会中男人的思想，自然
也想要男权社会里的一切特权，
包括纳妾。他不能允许妻子的抱
怨与指责，他搞不懂他眼中的自
然而然，为何到她那里就是忍无
可忍。

　　他们之间的裂痕越来越大，
争吵声越来越大，争吵的次数越来越多，
他们只顾着自己的发泄，忘了两个只有三四岁
的孩子。张子静后来的回忆里写着他如何听见争吵声害
怕地躲在保姆的身边，他不知道姐姐会不会觉得害怕，因为她习
惯坚强，她没有说，可是想了想便知道她跟他一样恐惧。这个家
已是不复从前的温馨了。

　　此时，那种春日迟迟的空气里弥漫着硝烟的味道。

　　家如同累卵般危在旦夕，好似一不小心就瞬间倾覆。她不论
多么早慧，不论多么坚强，她也只不过是个只有三四岁的孩童罢了。
保姆们抱着他们下楼，让他们在院子里玩耍，以为这样便可以消
散战火的恐惧。院子里有个秋千，平时姐弟俩抢着荡秋千，可今

时今日那秋千在午后细密的阳光下照耀着，只令人感到一种虚空的惘然。

伴随着争吵声的还有各种器皿的破碎声，这个家不复过去的宁静了。

"我姑姑也是新派女性，站在我母亲这一边。"兄妹两个个性上的冲突此时也跟着凸显出来。从前白雪掩盖着的矛盾，终于不可避免地暴露于光天化日之下。一个女人的指责与"叛逆"已经让张志沂感到十分头痛，何况再来一个。

面对着两个强势的"新女性"颐指气使的模样，他无力解决这种矛盾，却也不愿听从她们的"好意"——他这辈子是只能这样了，祖上的荣耀没来得及看见，心情苦闷地跟着一群有着同样家族背景的遗老遗少，吃花酒赌钱，借酒浇愁吧。

饮鸩止渴罢了。不是不懂，只是找不到出路的烦闷无处排解。姨太太倒不会管他这些乱七八糟的事情，不会逼着他上进，只要给她钱用就可以了——他不明白为何黄素琼不能如此！

他走在堕落的边缘，一面享受着放纵的快感，一面承受着因此而来的麻烦的煎熬。黄素琼与张茂渊两个女人眼见劝慰他完全不起效，内心便谋划着一个惊世骇俗的计划。女人们固然容易因性情相投而亲密，却更易因为有共同的"敌人"而同仇敌忾。她们两个人此刻算是"二位一体"的了，姑嫂如此亲密倒也罕见。

黄素琼见这个男人如此不珍爱自己的身体和家族的名誉，慢慢地对他的态度由规劝变为责骂，直到失望，她的婚姻也许是走到尽头了——真快啊，她想着，这才几年啊？小煐才四岁，小魁还是个体弱多病的孩子！

可是，难道要把自己大好的青春浪费在这个毫无前途的男人身上吗？她知道自己从来就不是一个传统型的母亲，不会为了男人与子女奉献自己的一生，她还有寻觅幸福和自由的机会。

她害怕如果还待在这个家里，她将会变成一个整天唠唠叨叨的黄脸婆，她不想过从前母亲们的日子——一辈子将自己当个活的祭品一样献给一个家庭，临了开始抱怨和邀功——这个家要不是我在撑着早就散架了！是的，这样的话不绝于耳，中国的女性是惯于牺牲的，以至于认为牺牲乃是理所当然，稍微出脱一点儿，为自己的终生想一点儿，倒像个十分自私的女人，太不像话了。

她的心里一直在做着激烈的斗争，出走还是留下？她对着梳妆镜里自己美丽的面容，痛苦万分。留下，意味着她将成为一个抱怨的妇人和族人称赞的好媳妇、好母亲；出走，她将拥有一个把握不住的未来——谁知道将来的道路上能遇上什么呢？她预感到只要提出出走，对这个保守的旧家庭来说不啻扔了颗炸弹——炸伤别人的同时，自己也未必能全身而退。

她，难道要做新一代"中国的娜拉"？

可是，"娜拉"就算有勇气迈出第一步，如何活着都是个问题。她毫无生存的技能，没有上过正式的学堂，一句英语不会，没有钱——好在她还有祖上留下的古董，她鄙视张志沂那样不求上进只想着靠祖上留下的钱生活的人，料不到自己如果出走也不得不成为这样的一个人。生活，有时对我们而言就是一个巨大的讽刺。你越讨厌什么，你越有可能成为一个什么样的人。

有人说，出走最大的困难不是技能，甚至不是金钱，而是勇气。勇气她是不缺的——湖南人是最勇敢的，她继承了湖南人的刚烈，说走就走！

一旦下定了决心，恨不能立刻就生出一对翅膀自由翱翔。这才明白，这个暮气沉沉的家多么令她讨厌，她鲜活的生命在这里只能枯萎。至于孩子——她管不了那么多了！

她想着该如何去跟张志沂解释自己出洋的决定：说自己想去英国学英文？显然通不过，他们就住在英租界里，到处都是洋人，家里不缺请个洋教师的钱！要么称自己去学艺术？难道在中国就没有艺术，什么样的艺术非要出国去学？

借口连自己都不信服。罢了，不如直接说吧。

任何事情，最后总被我们证明直截了当有时是最佳解决方案，像两点之间直线距离最短一样，拐弯抹角有时只会适得其反。

要做的事情总找得出时间和机会；不要做的事情总找得出借口。

——张爱玲

一个女人只要对她的婚姻还有一丝一毫的希望，断不会贸然做出离家出走这样离谱的事情。即便是刚烈如黄素琼这样的女人，在面对婚姻时仍脱不了反复与犹疑的习惯。有时张志沂好点儿了，去姨太太那边没那么勤了，她也会有一霎的犹豫，然而也至多是一霎。

决定像箭在弦上不得不发，张志沂越发不像个样子，吃、喝、嫖、赌样样都来，从来不知收敛，甚至仗着堂兄是交通部长，对那个英文秘书的工作也不太上心，总是三天打鱼两天晒网。她咬咬牙，恨铁不成钢。终于到了摊牌的一刻——张茂渊要去欧洲留学，年龄太小总要有个监护人。我跟她一起去。

张志沂简直不敢相信自己的耳朵！这个女人如今越发离谱，作为两个孩子的母亲，她竟然想到抛夫弃子出海留洋！她以为她是谁！她不是毫无羁绊的女人，怎能说走就走？这个女人怎么变了？她那么狠心吗？

让黄素琼狠心的不是时间，而是张志沂一点一滴琐屑的消磨。世间再美好的爱情到头来少有能抵挡细水长流的平淡，何况他们之间还没有深爱过就要经历这水滴石穿的考验。

张志沂坚决反对，这样的家事让他如何跟其他亲友解释呢？人家会说家门不幸或者有辱家风。一向做事优柔退让的张志沂在这件事上表现出少有的强硬，他不能这样放任事态的发展，她若走了，他不是要成为一个没有妻子的男人？——姨太太老八毕竟是堂子里的，不是正妻，在这个问题上他也跟所有旧时的男人一样，讲究明媒正娶。

他们是父母之命、媒妁之言，当年张御史的公子与黄军门的小姐，一时传为美谈，多少人交口称赞他们郎才女貌佳偶天成。如今，才过了多久他们就要让全城人看笑话？！绝对不行。没有任何商量的余地。

黄素琼是个说到做到的女人，其实她跟张志沂这样说，不过是看在夫妻一场的情分上，到底他还是一家之主，到底他还是她的丈夫。她不是与他商量，事实上她自己也焦头烂额，她对他们的婚姻毫无头绪，找不到任何出口。她像一个被伤透心的女人，只得找个借口出去散散心，希望能借助欧风美雨吹散心头的忧伤与烦躁。

她并非是个无情的人，对他多少还有点儿眷恋，只是这段婚姻如同一个病入膏肓的病人，她这个并不高明的医生绞尽脑汁也想不到医治的方法。远遁，也许是最佳选择吧。

除此之外，还能怎样呢？一声叹息。

她和张茂渊两个人收拾好行李，一人带了两箱古董——那是她们到欧洲衣食住行的全部。幼小的姐弟俩还不明白他们的人生将从此而改变，他们的母亲将不得不抛下他们，将他们的命运交给时间去裁决。太残忍，却又有着万般无奈。

当她们收拾停当后，却在临出发前出了点儿事——家里遭到小偷的盗窃，偏偏什么都不少，只少了她们的行李！多奇怪，家中谣言四起，都说行李是张志沂指使下人去偷的，没人敢当面问他。

生活中总会有这样的事情，真相薄如蝉翼，人人都看见却只能当作不知道，没人有勇气去拆穿那层纱，像皇帝的新装一样，谁要去做那个鲁勇的孩童呢？

行李遭窃，黄素琼气得不知如何是好。她心知肚明，本想着去跟张志沂发一通火，奈何无凭无据，于是便生生地咽下了这口气。但她跟张茂渊两个人都不是半途而废的人，已经做好的决定岂能就这样偃旗息鼓？

两个人肚里各自存了一口气，又默默地装了几箱古董——你能拿走，我就能再接着装！各式各样的衣物又重新置办了一套，张志沂自始至终都是冷眼旁观，他料不到这两个女人铁了心真比男人心肠还要硬！

拿了她们的东西，居然还要走——看来，这颗心已经关不住，只怕早已飞到了大洋彼岸。

临了真的要走了，黄素琼趴在竹床上嘤嘤地哭泣，没人敢去劝她。是她自己要走的，离别真的来临的时候却还是忍不住潸然泪下。除了小煐与小魁，这个破落的大家族，无论自己曾经多么厌弃，那么多年总也有过一些温馨的时光吧？

小姑张茂渊上来催了一趟，她不管不顾地还在哭——一个母亲要与自己的骨肉分离，不哭才怪；一个女人要与家庭决裂，是要付出怎样惨痛的代价？没有过婚姻的人大约体会不到黄素琼此刻的心情，就像后来从未做过母亲的张爱玲一样，她终生对她的母亲有种隔膜般的认知与了解。

下人上来跟张爱玲的保姆何干说，时间到了，再不走只怕来不及了！订的是船票，有些昂贵——要不走也是不行了，为着这昂贵的船票也要走一遭，哪怕搭上昂贵的温暖与爱。像离弦的箭一样，开弓没有回头箭。

黄素琼焉能不知道这样浅显的道理？她只是难过。两个孩子被保姆推到自己的身边，他们还那么小，还不知道什么是离别。孩子是没有愁绪的，他们永远快乐，即便是悲伤也只是一瞬，此后只有她想他们的可能，他们却连她的样子也会记忆模糊。

张志沂早知道这一天会到来，只是料不到真的来临的时候，心里除了愤慨外还有点儿别情离愁。他害怕分别，那种丝绵线割裂心口的痛楚，一点儿也不好受。他逃了，藏在了姨太太老八的家中。

眼不见心不烦。

他可以避走，因为他是一家之主。可他的孩子们不得不面对伤痛的一刻。保姆们将小煐推给她的母亲，使了个眼色，那意思是我们都是做下人的，哪里敢催促太太呢？你就不同了，你是她的女儿呀，赶紧说吧。

小小的张爱玲，就那样机械地站在母亲的床头，看母亲哭肿的双眼还有略微凌乱的头发，她还不明白这到底是为了什么。她只得按照用人教她的话，对着哭泣中的母亲说："婶婶，时间不早了，走吧。"——张爱玲算是过继给另一房的，所以称呼自己的父母为叔叔婶婶，不过据张子静晚年的回忆称，他也是这样叫自己的父亲母亲，据说是黄家的习惯，不知姐弟俩哪个说的是真。反正，她叫她"婶婶"。

母亲听了毫无反应，她只得杵在那里，一遍又一遍地重复着用人教她的话。她还没有离愁的概念，只觉得母亲如此必定是种忧伤的事情。她呆立在那儿，有点儿手足无措，不知如何是好。好在，一个丫头将她抱了下去。她只感到浑身上下有种解脱的轻松。

终于到了码头，母亲与姑姑一起真是漂亮！这是她们张家的两个"新女性"——当时具有新思想的一批人大力称赞她们的勇敢，称她们是具有进步思想的新女性，而那些黄家、张家、李家的旧亲友面子上不说，背地里都说她们两个人"不安分"——都二十八岁了，两个孩子的母亲了，自己走就罢了还要带着小姑了，像什么话嘛！

说的比唱的好听，周围的亲戚一定有这样看热闹的。黄素琼与张茂渊这次的出走风波在几个家族内引起了巨大的反响。她们虽然是所谓新女性，但还是顾及张家的颜面，告诉众人她们是出国留学——总要有个好的名目，不是吗？

丫头老妈子带着两个孩子还有前来送行的亲友，熙熙攘攘站在码头上，等着最后的时刻来临。在这样煎熬的时候，竟然又出现了戏剧性的一幕——有人将黄素琼丢失的几箱古董给送了过来！

临了，还是妥协，还是要展现温情的一面。可惜，已经晚了。汽笛声像拉长的呜咽声，替他来送行与哀泣。滚滚的海水汹涌澎湃像翻滚的沸水，似乎要把她整个儿放在那巨大无边际的锅里蒸煮。

　　码头上的人群立在那儿不住地挥手，对着越来越模糊和渺小的身影告别。珍重声此起彼伏，说的都是一样的话，可离别的人心里却有着不一样的愁绪。

　　在一群五味杂陈的成人里，小煐与小魁只是一副茫然的表情，他们实在不知道该作何反应，甚至不太明白妈妈与姑姑是做什么，为什么突然那么多的亲友要来到这个人潮拥挤肮脏不堪的码头。

　　他们自小便跟着保姆，饮食起居样样都是老妈子们照应，因而对于母亲的离去，他们甚至未感到有什么缺失。只是，从此，母亲的背影只能是他们记忆里的一抹香气了——嗅得到，摸不到，朦胧的美感、回忆的幻想装点了他们此后的童年岁月。

最初的家里没有我母亲这个人，也不感到任何缺陷，因为她很早就不在那里了。

——张爱玲

当黑绿色的海水裹着各种欲望与不舍，离开了码头，黄素琼已经不再是过去那个裹着小脚的大家族小媳妇，而是一只重获自由的鸟儿，她期待着遥远的英国能给她带来焕然一新的生活。

她给自己取了个颇具文艺气息的名字——黄逸梵，大约换名字的瞬间多少有种改头换面的感觉。她不再是她了，而是一个二十八岁的自由女性，身边跟着的是比自己小几岁的小姑子张茂渊。如果说这桩婚姻还有什么令人惊喜的话，也许就是在丈夫令自己失望过后还能与小姑子成为知己。女人要成为好朋友真不容易。张爱玲自己写文的时候也这样说道。女人与女人不太可能过于亲密，因为她们有较多瞒人的事情。

但女人与女人之间，一旦共享了私人秘密，感情便云蒸霞蔚起来。女人的友谊其实可以很持久，只要没有男人横亘其间。

她义无反顾地离开了生养她的祖国，离开熟悉的一切，投入到一个全然陌生的环境，只为一个可以期待的未来。

她走后，对两个孩子来讲，影响并不太大。张爱玲曾经在《私语》里这样写道：最初的家里没有我母亲这个人，也不感到任何缺陷，因为她很早就不在那里了。

从前有句老话说，从来只有想孩子的父母，没有想父母的孩童。话虽然说得过于绝对，然而对于只有三四岁的孩子来讲，却又有着令人心酸的真实。因为小煐和小魁太小了，还不懂得何为相思。母亲的离开对他们实在没有太大的影响，他们日日照常在院子里荡秋千，老保姆何干每天必定带着他们去一趟公园，这是黄逸梵出走之前定下的规矩。

对于家的感觉，也许何干给予的比她还要具体实在。

这个少言寡语的老妈子总是践行着她所认定的一切，每日清晨当小煐醒来的时候，她会用舌头舔一舔小煐的眼睛，说清早的唾沫有元气，对眼睛好。不过她做这一切自然是等太太离开家以后的，因为她知道黄逸梵一定会反对。

家里的用人虽然不太希望太太出走，但黄逸梵的离开又给了他们行动做事的自由。这一阶段对整个家来说，实在是安静而宁馨的一段时光。张志沂起先独自去姨太太老八那里——老八是堂子里的说法，其实就是老鸨养的第八个女儿，后来慢慢地没有妻子的管束越发放纵起来，甚至带着张爱玲去老八的小公馆去。

也许，几岁的孩子已经有种朦胧的预感——母亲的出走大概跟这个什么姨奶奶有关。因而，她几乎是本能地反对，哭着说不要去，一双小手扣住门框子不松手。张志沂一看来了气打了她，硬是抱着她去了小公馆。

其实，之前黄逸梵在家的时候，他便偷偷带她去过，下人们很是担心，他倒是一副无所谓的样子——别告诉她不就完了吗？如今她已在万里之外，还想管得住他的身与心吗？

张爱玲跟着他到了小公馆里，他立在楼下直着嗓子喊："下来，来客啦！"姨太太老八袅袅娜娜地从楼上下来，又瘦又小的身形让她看起来显得弱不禁风。她比张志沂大几岁，跟着他的时候已经不小了，样子虽小巧玲珑，但瘦削的样子看起来有些憔悴。

张家也好，黄家也罢，甚至李家的亲友，都搞不懂他为何会看上一个比自己大几岁的"黄脸婆"。都说女儿是父亲前世的情

38　　因为懂得，所以宽容
　　　——张爱玲传

人，只有张爱玲洞穿了这个小秘密。她后来在自传体小说《雷峰塔》里用轻描淡写的一句话带过，张志沂喜欢瘦削的女人，无论是妓女还是姨太太统统差不多，眉眼间怎样看都有点儿黄逸梵的影子。

也许，内心里他爱她还是多一点儿吧，否则何以要到处寻找那么一丁点儿相似？因而，他不介意老八比他大几岁，这些不是他要的重点。

黄逸梵走了没多久，旧历年一过，姨奶奶堂而皇之地入了张家的门，代黄逸梵行使女主人职责。

老八来了以后会是怎样的光景呢？幼小的张爱玲已经记得许多事情，那么早慧的她在《私语》里这样写道："母亲去了之后，姨奶奶搬了进来。家里很热闹，时常有宴会，叫条子。我躲在帘子背后偷看，尤其注意同坐在一张沙发椅上的十六七岁的两姊妹，打着前刘海儿，穿着一样的玉色袄裤，雪白的偎依着，像生在一起似的。

"姨奶奶不喜欢我弟弟，因此一力抬举我，每天晚上带我到起士林看跳舞。我坐在桌子边，面前的蛋糕上的白奶油高齐眉毛，然而我把那一块全吃了，在那微红的黄昏里渐渐盹着，照例到三四点钟，背在用人背上回家。"

这是张爱玲记忆里颇为热闹的场面，她因为喜欢有人声有人气的地方，那种烟火气让她迷恋了一辈子，哪怕到了晚年离群索居的她依然对这种人间的味道感到很有兴味。

她是喜欢姨太太的，尽管心里每想到这个便隐隐有些不安。是啊，哪有母亲刚走就立刻接纳另一个女人的？但，她确实如此。

姨太太缘何那么"抬举"她而忽略弟弟，原因她在小说中全部交代了。

大约觉得儿子终归是继承家业的，而女儿就不是了，无论怎样抬举她将来总是如同泼出去的水，翻不上天。再者，家中人人都宠着弟弟张子静，这位姨太太想要拿出儿点威风也好，出于逆反的心理也好，便对小少爷爱理不理，反倒是对大小姐张爱玲百般疼爱——虽然这疼爱里有些虚假，不过是为了在她的父亲张志沂面前邀功。然而，到底是疼爱。因而，张爱玲内心里对她并不反感。

姨太太故意跟她一起穿着母女装，四处游逛，倒是恍惚中有种真母女的感觉。这种亲密很多年后她还记得。姨奶奶有一次花了大钱给她做了一件当时顶时髦的衣服，张爱玲的心立刻被"收买"了。

这位被张爱玲形容为
"苍白的瓜子脸，垂着长
长前刘海"的姨太太，向她说：
"看我待你多好！你母亲给你们做
衣服，总是拿旧的东拼西改，哪儿
舍得用整幅的丝绒？你喜欢我还是你
母亲？"

"喜欢你。"张爱玲这样告诉她。
姨太太满意地笑了。

尽管姨太太花的还是她父亲的
钱，可有着这份心就难得了。张爱玲
终其一生都对别人的一点儿小恩惠记
忆犹新，她在晚年写给好友邝文美的信
中就曾说她是个对友情之类没有太多要求
的人，别人的一点儿好她就感到满足，有时甚至
感到一丝惶惶然。

姨太太的到来让张家改变了不少，除了热闹的人气外——姨
奶奶从前堂子里的好姐妹很喜欢到她家来做客，一群女人叽叽喳
喳，不改堂子里会应酬的本色，谈笑往来，家倒是喜气了，就是
少了点儿庄重在里头。

但，好歹像个家了。

一刹那的悲与喜

出走，归来，再出走，好似一个人生的怪圈，它是套在张爱玲母亲黄逸梵身上一生的魔咒，这个紧箍咒不时发作，时好时坏，影响了张爱玲前半生的悲欢离合——甚至在她的心里永远地种下了安全感缺乏的因子。

到上海，坐在马车上，我是非常傲气而快乐的，粉红地子的洋纱衫裤飞着蓝蝴蝶。我们住着很小的石库门房子，红油板壁。对于我，那也是有一种紧紧的朱红的快乐。

——张爱玲

母亲走后，这个家倒是宁静了几年，父母在的时候动辄争吵，那么多无谓的争吵，像一根根针刺痛她的心，只是她不习惯表达爱，不习惯表达恐惧和厌憎，生活将她洗练成一个内向、敏感而寡言的女孩。

她将心事全盘托付给书籍与绘画了。几十年后，她在给好友宋淇夫妇的信中，还不忘说"书是人类最好的朋友"之类的话。

书籍给了她与这个世界对话的平台，也给了她日后所有的自信与荣耀。"在没有人与人相交接的地方，我充满了生命的欢愉"，终其一生，她最擅长的还是与文字打交道，而非与同类。

可惜这个伴着书香的家还是没能宁馨多久，姨奶奶与父亲开始没完没了地争吵，有时甚至发展到要动手的地步。他们争执着，下人们冷眼旁观。小煐的心里应该比较复杂吧？毕竟她多少有点儿喜欢她,这个名为老八的可怜女人曾给过她不少母亲般的暖色。

父亲在铁路局的职位也丢了,理由很简单,几乎不上班、狎妓、赌博,最坏的一项还是跟姨奶奶打架。"新房子"的主人丢了官职,张志沂受到牵连,这辈子唯一正式的工作也没了。

他心灰意冷,想起黄逸梵的好来。是啊,若不是当初自己顽固,怎会将家里搞得一团糟?妻子总是为着自己好的。

他的情绪糟糕透了,跟姨奶奶吵了一架又一架,起初还只是君子动口不动手,后来忍无可忍互相扭打了起来。姨奶奶一着急,抓起一个什么劳什子扔向张志沂,结果打破了他的头!

张志沂大骂着要她滚。天津和北京的亲友又来帮忙,挤对着让老八走人。老八闹了半天,还是半点儿名分也没有,难免心寒吧?

姨奶奶走了。临走的时候,小煐被何干搂在怀里,看着她上上下下,进进出出,搬了两大车的物件——真奇怪,才来了几年,哪里来那么多的东西呢?左不过一些女人的衣物和坛坛罐罐吧,随她去吧。

姨奶奶就这样走了，走得突然，就像她来的时候一样，说不上悲喜，只有感慨。姨奶奶刚走，就有消息传出来——黄逸梵跟张茂渊要回来了！

　　一家子热热闹闹，像迎接新年般，下人们告诉她说："要回上海了！高兴吗？"高兴！怎能不高兴呢？她还是在那里出生的呢，一别几年，真不知那庭院的蔓草有没有疯长，有她高了吗？

　　后来她才从七嘴八舌的议论中拼凑出母亲归来的真相——父亲答应不再出去乱来，撵走姨奶奶，戒烟戒赌——简直是洗心革面的样子！

　　只是，老话说人若改常，非死即伤。江山易改本性难移，多少年来我们听着这样的话长大，好叫我们在变幻莫测的命运里摸到一点儿踏实的规律。

　　不过，眼下他约莫也是真心实意地悔过，已经三十多岁了，他的人生几乎一眼就看到头了。年轻时候读的书，还没等施展就过了效用。他领着一张过期的门票徘徊在名利的门口，末了，总算受了点儿教训，他才知道那些学问都是做不得真的。没有用，还是真刀实枪的日子来得真实。

过日子，就是要有个像样的妻子。姨奶奶当然不行。妻子对姨奶奶的反对声言犹在耳，若要她回来，只能一了百了，让自己做个"新人"，这样的他，黄逸梵这个拥有新思想的人才能接纳吧？

　　几年前她便是那样一个要求男女平等的人，如今到欧美走了一遭，只怕更甚，他能想象得到。

　　他已经做好了准备。他先行回上海，找房子，下人们连同两个孩子一起坐船回来。

　　"上海什么样子？船要经过什么地方？"她抬起一张稚嫩的脸问何干。老妈子不知从哪儿听了消息，只告诉她说要经过"黑水洋绿水洋"。

　　"我八岁那年到上海来，坐船经过黑水洋绿水洋，仿佛的确是黑的漆黑，绿的碧绿，虽然从来没在书里看到海的礼赞，也有一种快心的感觉。睡在船舱里读着早已读过多次的《西游记》，《西游记》里只有高山与红热的尘沙。"

　　黑的似盲人的黑，绿的是莹莹的绿，不消许多字眼，好似已经能够看见那海水——想象里的海洋。

在这样嘈杂的环境里，她还不忘温习下《西游记》，日后那样一下子红遍天下不是没有缘故的。

一路上伴随着沉闷的聒噪与汗津津的刺鼻气味，在摇晃与颠簸中，在《西游记》的幻想里，他们终于到了上海。

"到上海，坐在马车上，我是非常侉气而快乐的，粉红地子的洋纱衫裤飞着蓝蝴蝶。我们住着很小的石库门房子，红油板壁。对于我，那也是有一种紧紧的朱红的快乐。"

母亲要回来了，下人们个个高兴得合不拢嘴，他们不住地说"这下好了"。

——我们中国人总是有一股近乎执拗的天真，以为一个家有父亲母亲便是十分完美的，于是才有了"宁拆一座庙，不毁一桩婚"。

下人们觉得这个家终于像个家了，有了女主人的家才像寻常人家。尽管，太太回来了，他们多少要受到点儿辖制，但中国人喜欢被管，没人管反而有种走投无路的惶恐感。他们是惯了的。

父亲派出了最得力的下人去接母亲——母亲从南京的娘家陪嫁过来的男用人，自己也欢天喜地地去了码头。一家子喜悦中带着点儿不安，不知太太四年来的变化，人人都喜形于色。那阵仗与等待的心情活脱脱一个贾府等着元妃省亲的模样——一波三折，下人开着车去码头等了一下午，黄昏时候回来告诉一家子说太太让娘家人接走了——去了张爱玲的舅舅家。

白等了一天！白白浪费了她的心思。

她特意穿着一件自己特别中意的衣服——橙红色的丝锦小袄

穿旧了，配上黑色丝
锦裤很俏皮。

吃罢晚饭，暮
色里她们终于回来
了！她和弟弟被老
妈子收拾停当带进
了楼下的客厅。这是
一别四年后他们的
第一次见面，张爱玲在《雷峰塔》里这样写着她眼中的母亲与姑姑：
两个女人都是淡褐色的连衫裙，一深一浅。当时的时装时兴拖一
片挂一片，虽然像泥土色的破布，两人坐在直背椅上，仍像是漂
亮的客人，随时会告辞，拎起满地的行李离开。

原本应当是十分快乐的会面，然而她却快乐不起来，原因是
她的母亲才见面就说："怎么能给她穿这样小的衣服？"黄逸梵
说衣服太小了拘住了长不大，又说她的刘海儿太长了，会盖住眉毛，
要何干把她的刘海儿剪短。

黄逸梵总是这样，面对孩子总有一肚子的话，教育课听得人
头昏脑涨。但，中国的父母又有哪个不是这样呢？

爱美的张爱玲对此很有意见，认为短短的刘海儿显得傻相——
这还不算什么，最气人的还是她对那身衣服的批评，因为那是她
最喜欢的而且也是最拿得出手的衣服。凭什么？

这种委屈和赌气，很像一个满心期待得到夸奖的孩子，小心
翼翼地拿着自己的画作，满以为大人一定给个响亮的吻和一连串
的"真棒"，哪知却是劈头盖脸的批评与训斥——其实这原不过

是黄逸梵的个性，后来的张爱玲跟黄逸梵在一起的时候，总怕行差踏错，就此引来一顿无端说教，即便是写信给她也从不多说生活的细节，只一味说些"套话"——套话是最无错误的话，然而，也是最令人沮丧的话，因为充满了距离和揣测。

这样让人神伤的母女关系，想来不仅让张爱玲头痛，只怕更为寒心的还是黄逸梵这个做母亲的人。

姑姑觉得才见面就这样批评不太好，于是便转了个话题，大赞弟弟小魁长得漂亮。姑姑总是这样，一直充当她与父母的黏合剂。可黄逸梵并不买账，接过嘴就说："太瘦了——男人漂亮有什么用？"

若张爱玲能够体谅她母亲个性上的不讨喜处，也许会发现黄逸梵未必不喜欢她。黄逸梵喜欢什么事都自己做主，看着不合自己意的便要理论一番，就像这个带给张爱玲"朱红的快乐"的石库门房子，她也不满意，皱皱眉说这样的屋子怎能住人呢？

张志沂赶紧说他早知道她必须亲自挑房子，这不过是暂时居所罢了，回头她喜欢哪里就搬到哪里。说这话的时候，这个男人对她有着怎样的包容与爱呵！

老妈子陪着她们说说坐坐了一会儿以后，天越发晚了，黄逸梵倦了，问了句何干是否准备好了床褥，然后拉着当时只有八岁的张爱玲："等你长大了，你就会明白——我这次回来，只是答应你二叔回来替他管家。"

"二叔"就是她的父亲张志沂。

母亲算是回来了，这个家又像个能够正常运转的机器，从前缺了她这个重要人物，虽然平静而快乐，却总有股莽汉乱碰的兴奋，到底是没多少底气的。

　　"然而我父亲那时候打了过度的吗啡，离死很近了。他独自坐在阳台上，头上搭一块湿手巾，两目直视，檐前挂下了牛筋绳索那样的粗而白的雨。哗哗下着雨，听不清他嘴里喃喃说些什么，我很害怕……"

　　姑姑回来后见到他这个样子十分气恼，叫了家里的下人，又请来舅舅和舅舅家的门警——原本是舅舅请来保护家人的，害怕一时战乱，有人会趁机浑水摸鱼，哪知道人高马大的男人平时没派上什么用场，这会儿倒是显出他的作用来了。

　　张志沂说死了也不肯去，尽管他已经离死不远了，然而还是不愿意踏进医生的门。张茂渊给他请了个法国医生，莫非他心底里认为洋人医好了他是种侮辱不成？

　　一个发了疯的"垂死挣扎"的人总会有无穷的力量，几个人捆绑着才将他送到了法国医生那里。那一刻，说不定他是恨这个妹妹张茂渊的，甚至懊悔让她们回来吧！

　　不管他喜欢不喜欢洋人，对待吗啡这样的"病症"，洋医生确实很有一套，住了一段时间院，他活着回来了，完好如初。

　　"不久我就做了新衣，一切都不同了。我父亲痛悔前非，被送到医院里去。我们搬到一所花园洋房里，有狗，有花，有童话书，家里陡然添了许多蕴藉华美的亲戚朋友。我母亲和一个胖伯母并坐在钢琴凳上模仿一出电影里的恋爱表演，我坐在地上看着，大笑起来，在狼皮褥子上滚来滚去……"

多么踏实的快乐，触摸得到的温馨。

看到书里夹着的一朵花，听我母亲说起它的历史，竟掉下泪来。我母亲见了就向我弟弟说："你看姊姊不是为了吃不到糖而哭的！"我被夸奖着，一高兴，眼泪也干了，很不好意思。

——张爱玲

母亲回来了，一切都与以往不同，她周围的环境与色彩不断变幻，像魔术师的手一样，只消轻轻一挥它便从淡雅悠远的国画变成色彩明艳的油画。

母亲与姑姑的朋友很多，既有教音乐的也有教绘画的。小煐姐弟俩度过了很多个这样的午后——姑姑十指纤纤弹着钢琴，母亲立在琴架旁唱着令人喜悦的歌，有时还会有一些洋人朋友过来，加上旧亲友，熙熙攘攘一屋子的漂亮朋友。母亲像个会变魔术的女主人，为大家精心准备了各种精美的糕点、奶茶……这样西式的聚会对张爱玲来讲非常新鲜。

从她记事开始，她所闻惯的是鸦片烟令人困乏的味道，以及一切陈腐的气味，这些来自父亲的记忆成了她日后想甩也甩不掉的包袱。

自然，来自父亲的也不全是这样陈朽，比如那些黄昏时分阅读的书香。

张爱玲陶醉在美妙的音乐声中，有时会冲弟弟张子静微笑一下，使个眼色，那意思像是说——看，有妈妈在家就是不一样吧？真好！

母亲有一天问小煐：你想学绘画还是音乐？张爱玲人小鬼大，她一直都是那种洞穿一切却不肯说出来的人。她用心揣测母亲的用意，到底是说绘画还是音乐呢。一时间只有八岁的她想不出任何好主意，于是便谎称自己需要好好想一想。缓兵之计。

黄逸梵觉得很有道理，选择未来不得不慎重。

姑姑跟她们两个一起去电影院看了场电影，多年以后名字已经记不得，但她独独能记得电影讲述的是一个落魄画家的故事。她在电影院里看了只觉得那样贫穷实在让人颓丧，最后自己忍不住哭了起来，嘤嘤地啜泣，心下想着原来画家的日子是这样凄惨，她不要过这样的生活，太可怕了。

她那样动情，黄逸梵只当她是个懂艺术的小女生呢，末了她告诉母亲自己不愿意做一个穷困潦倒的画家，还是学音乐吧——毕竟音乐会都是在金碧辉煌的大厅里举行的。

母亲承认这一点，确乎如此，如若你想学绘画就要做好潦倒的心理准备。张爱玲自然不会选择绘画，尽管她自小就喜欢涂涂画画，事实上成年后的她也一直钟爱绘画，她的早期作品中时常有她自己设计的效果或者配上插图。

但此时此刻，她还是个害怕贫穷的小女孩，想起找父亲要钱时候的难堪，那种立在烟铺前长长久久地等待，父亲沉默不语，这些童年时就开始的印象，让她对金钱有了近乎本能的喜爱。

此后的人生轨迹确实证明贫穷让人活得惨烈。

那你想要学什么？左不过小提琴和钢琴。她小心翼翼地揣测着母亲的意思，梵哑铃（小提琴）的声音太悲凉了，让人掉眼泪，像戏剧里的旦角。

"钢琴。"她这样跟黄逸梵说。黄逸梵赞许地点头，她惶恐的心暂时落了地——幸亏没选错，否则又要惹母亲不高兴。其实，她对于母亲的揣测倒并不是因为害怕或厌憎，完全是一个爱慕母亲的孩子想要讨好母亲的想法。

黄逸梵说："要学琴，第一件要学的事便是爱护自己的琴。"对于一个音乐家来讲，乐器就像是剑客手中的剑一样，自然是要万分小心的。母亲，不愧是母亲，在欧洲待了四年，学会了那么多尊重在里头——对一架琴也如此，这态度令人敬佩。

其实，黄逸梵和张茂渊两人名为留学，实则游学。四年里她们学会了英文，母亲的一双小脚甚至学会了游泳，两人还曾到阿尔卑斯山滑雪！这样的事情每每说起来总令张爱玲心驰神往，说不定自己哪一天也就到欧洲了。

黄逸梵给她挑了一个白俄钢琴家做钢琴老师，费用自然也是不少的，这也成为日后父女之间的爆发点。

她在《私语》里这样写道：画图之外我还弹钢琴，学英文，大约生平只有这一个时期是具有洋式淑女的风度的。此外还充满了优裕的感伤，看到书里夹着的一朵花，听我母亲说起它的历史，竟掉下泪来。我母亲见了就向我弟弟说："你看姊姊不是为了吃不到糖而哭的！"我被夸奖着，一高兴，眼泪也干了，很不好意思。

这种所谓"优裕的伤感"是典型少女时期的感怀，那时候她家境优越，母亲在旁，怎能不生出这样优裕的情怀呢？

母亲见她从未上学，只是一味在家里读书，觉得这肯定是不行的。她一心希望将自己的女儿打扮得像个欧洲上流社会的淑女，自然是要接受西式教育。

她要带小煐去读小学，这个消息无疑像一枚炸弹在张家再次炸开了锅。张志沂无论如何不同意，他的倔强与保守一时间又上来了。黄逸梵跟他大吵，日子仿佛又回到几年前她要出走的时候。

黄逸梵向来一不做二不休，她知道张志沂的脑筋像陈年的老皇历一样，还不甘心退出历史舞台，于是便偷偷地带着张爱玲去她朋友的学校黄氏小学报了名。报名的时候需要填写中文名字，此时的她只有"张煐"这个唯一的称号，黄逸梵觉得实在土气又难听，坚决不用。可是她一时又想不起什么像样的来，灵机一动，便将小煐的英文名 Eileen 音译过来，随手一填——张爱玲。

黄逸梵想着以后想到好的了再来换，无所谓的，她绝对想不到的是这个她灵机一动想到的名字，日后成为红遍整个华人世界的大作家，就是这个看起来十分通俗的名字，写出了世间那么多永恒的爱情，还有那些敏锐洞察到的人性。

张爱玲后来自己谈到这个名字，觉得虽然十分恶俗，但到底还是喜欢的，因为这种烟火气使得她时刻警醒自己不过是个自食其力的"小市民"，她的名字就像她任何一个普通的读者一样，那样亲切，没有距离。

世间事往往就是一个偶然的因素才酝酿出让人惊愕的结果。一些我们拼尽全力去做的事情，最后常常落得一场空，难免要责怪命运的不公；有些我们从不在意的人，却在困顿之中让我们柳暗花明。所谓落花有意流水无情，也所谓有心栽花花不开，无心插柳柳成荫。

用了最多的心，未必结出最美的果；临时一动的念头，却有出人意料的结局。在这红尘滚滚的人间，有多少事就是出于我们的一个不经意，有多少情也正是因为我们的一个偶然回眸，才换得终生的厮守。

像张爱玲的父母，家人亲友那样欢天喜地地以为他们注定在一起，这样的郎才女貌羡煞旁人。可惜，用力太猛的事情，往往没有好结局。

时光若能倒回那个五光十色的年代，让我们见着那样一位不开心的美妇人和一位末世的才子，大约我们的心也会跟着痉挛一阵。

他们又开始争吵了，在和好不久后又开始了没完没了的争执与伤害，只是，这一次再无相好的机会了。

我知道他是寂寞的，在寂寞的时候他喜欢我。
父亲的房间里永远是下午，在那里坐久了便觉得
沉下去，沉下去。

——张爱玲

我的心像一根木头

婚姻像一条寂寞而悠远的路，只有相互扶持着才能通向永生
的未来。

这世间总有许多令人感到无可奈何的事情，一朵花的凋零、
一阵风的疾逝、一段情的褪色……一个人面对自己的感情虽时有
手足无措的感觉，但好在身在其中，好与坏都有自己的把握，但
面对身边人感情的疾速萎谢，只有心焦如焚的份儿，因为你够不
着救不了。

张爱玲面对她那对冤家父母，大约就是这样的心情。她的父
亲张志沂在治好病以后，故态复萌，忽然后悔了起来，于是便重
新开始与鸦片为伍，堂子照常逛，跟从前姨太太的好姐妹老三好
上了！这些还不是这段婚姻最致命的地方，最要命的是他不肯出
钱，处处想要妻子贴钱，这便犯了大忌。哪有一个男人处处惦记
着女人的钱的？

他之所以这么做，无非是怕她再次出走，以为靠着这样的方法，榨干她的钱，不是等于捆住了她的手脚了吗？从这件事上看来，张志沂一直是个"天真"的男人。当一个女人变了心，或伤了心，哪里还能捆得住？

关于这件事情，张爱玲曾这样描述过：我父亲把病治好了之后，又反悔起来，不拿出生活费，要我母亲贴钱，想把她的钱逼光了，那时她要走也走不掉了。他们激烈地争吵着，吓慌了的仆人们把小孩拉了出去，叫我们乖一点儿，少管闲事。我和弟弟在阳台上静静骑着三轮的小脚踏车，两人都不作声，晚春的阳台上，挂着绿竹帘子，满地密条的阳光。

黄逸梵终于忍无可忍。她看透了眼前的这个男人，一辈子没什么本事，靠着祖上的庇荫生活，除了抽大烟、逛窑子，念几句破诗词，他还会干点儿别的吗？从来没见过他赚钱，他都是有出无进——也难怪他要这样的精打细算，这样永远只有花出去的钱没有进来的，太可怕。张爱玲说了不止一次，"我太知道他的恐怖了"。

张志沂的母亲，李菊藕当初因为孤儿寡母的生活也是这样有出无进，害怕坐吃山空，所以特别节俭。张爱玲的老妈子何干从前是李菊藕最为信任的用人，她就说过"老太太省啊，连草纸都省"。

可是黄逸梵顶看不惯

这样的作为，她喜欢豪掷千金，喜
欢享受，像一切爱美的女人一样，她
的衣橱里挂满了漂亮的衣服却还不嫌
多，然而张志沂却说，人又不是衣架子，
要那么多衣服干什么。他们在很多问题
上无法统一意见，于是夫妻两个像回到
了从前在天津的那段日子，没完没了地开战，
没完没了地伤害。一个人在愤怒的时候，总是会失
去理智，失掉理性的话语比任何刀锋都尖利。

　　像张志沂这样反反复复的态度想来着实让人气愤和遗憾。其
实，不是他变了，只是他之前的状态不在常态罢了。那时的他丢
掉了工作，与亲戚之间多少存了点儿尴尬，再加上自己打吗啡已
经到濒死的边缘，自然只想抛弃这熟悉的一切，从头来过。

　　人类是这样的一群生物，不"死到临头"，不到遇见重大的
生活变故，是无论如何也想不起反思自己的生活的。就像一个被
医生诊断为癌症的病人，他所能想到的一定是重新好好地生活，
珍惜眼下的光阴。但若过一段时间医生告诉他说是被误诊了或者
已经治愈，只怕他又将滑入过去他所熟知的生活。

　　惯性使然。

　　张志沂便是如此。他重新捡拾起这些被黄逸梵看不起的一切，
以为那就是他的寄托与尊严所在。然而，黄逸梵早已不是几年前
出走欧洲时候的女人，她看见了外面的世界，知道天有多高地有
多厚。

她心灰意冷，这段错误的婚姻实在无须假模假式地维持下去。

她要离婚，做一个真真正正彻底的新女性。"离婚"两个字在亲友之间又炸开了锅，且比上一次她的出走更具有爆炸性。中国人的婚姻是这样的，宁愿死守着不幸福也不能撒手，因为讲究从一而终，怎能半途撂挑子呢？

在婚姻这件事上，人们宁愿赞颂一个女性的保守——只要她不离婚，什么都可以商量，也不会去认同一个女人追求幸福的自由。这有悖常理。

张爱玲在小说中就写过她的一个表大妈，其实真实的身份是李鸿章的长孙媳妇，她一辈子婚姻不幸福，丈夫李国杰根本不爱她，她战战兢兢地守候了一辈子，如同跟着古墓活了一生，但是她不会想到离婚。她跟黄逸梵和张茂渊还时有来往，有她做例子，谁能想到黄逸梵那样坚定执着？

何况提出离婚的不是张家的男人而是黄家的女人！张志沂起先是暴跳如雷，坚决不同意离婚。后来黄逸梵请了租界里的一个英国律师，那阵仗是铁了心要走。

几次三番后张志沂同意了，然后又在最后签字的关头反悔了。他的嘴里不住地喃喃自语道："我们张家就没有这样的事！"还是一副老派的思想，以为离婚是一件不太光彩的事情，尤其还是张家的女人提出来的，要他如何见列祖列宗呢？

每每想到此，他就焦躁不安，一次次答应了签字又一次次拒绝。直到黄逸梵冷漠的眼睛望向他，幽幽地说了这样一句话——我的心已经像一块木头了！

张志沂听到这样的话心内一定是波涛暗涌，他没想到自己在她的心中竟然像一根朽木般没有生命，而正是这根朽木伤害了她的心。

他看了一眼这个与自己共度过那么多年的女人，叹了口气终于同意离婚。

一段互相捆绑互相伤害的婚姻终于解脱了，没有输赢和对错，只有合适不合适，对他们来讲这段姻缘不是月老的多情而是长辈的"无情"。根据离婚协议书，两个孩子的抚养权都归张志沂，另有一项特别的规定，以后所有涉及小煐的教育问题必须征得黄逸梵的同意——包括她读什么书，上什么学校都要黄逸梵点头同意了才可以。

她这样卫护女儿，根底还是她自己思想里对男尊女卑思想的厌憎。张爱玲记事开始，她的母亲与姑姑时常说"我们这一代是晚了"这样的话，然后要小煐锐意图强，言下之意你们这一代人再也不能过我们这代人的日子了。

爱什么人要自己选，读什么书也要自己选，至于职业更是如此。一句话，凡事需自己拿定了主意才好，切莫做一个任人宰割的羔羊。母亲刚回来的时候，问他们想要把房间涂成什么颜色。张子静一如既往地沉默，张爱玲心内狂喜，赶紧要了橙红色，她说这种色彩没有距离，温暖亲近。她觉得那是她第一次有了属于自己的东西，其实，不过是因为自己挑选的便觉得万分珍贵。

但，因为于她来讲这样的事情实在少之又少，于是便显得弥足珍贵。她终生都在渴望一处属于自己的居所，在《私语》里，她这样说：我要比林语堂还出风头，我要穿最别致的衣服，周游世界，在上海自己有房子，过一种干脆利落的生活。

她的弟弟张子静认为母亲黄逸梵给她留的最宝贵的东西也许是她遗传了母亲的艺术细胞，其实，黄逸梵的勇敢与独立才是她最好的馈赠。

只可惜这么伟大的馈赠只有女儿受惠，她的独子张子静却不曾分得一分一毫，就连离婚协议书里也不曾提及关于儿子的教育问题。倒不是做母亲的偏心和狠心，她以为张志沂那样的家庭怎么也不会亏待她唯一的儿子吧。

女儿就不同了，她从小的经验告诉她，中国的家庭是宁愿牺牲女孩子的前途以保证儿子的。事实也确乎如此。

因而，她拼尽一生的力量所要保证的不过是张爱玲的受教育权，而这也成为一个女人唯一的出头机会。她不去相信那些流言蜚语，尽管后来的她多有抱怨。朋友着跟她讲，女孩子读书没什么用，将来到底是要嫁人的，还是人家的人，不划算。

她气愤和焦躁的时候便把这样的话喊了出来，这成为让张爱玲一辈子耿耿于怀的地方。

父母离婚了。"他们的离婚，虽然没有征求我的意见，我是表示赞成的，心里自然也惆怅，因为那红的蓝的家无法维持下去了。

因为懂得，所以宽容
——张爱玲传

幸而条约上写明了我可以常去看母亲……"

母亲离开了父亲的家,姑姑因为一向与母亲交好,跟父亲意见不合,因而也跟着她搬了出去。她们租了个小洋房,过起了单身女性的自由生活。

父亲在衣食方面不算讲究,唯一讲究的地方是"行",他只肯在汽车上花钱,还有在鸦片上舍得花血本,即便它的价钱一而再再而三地疯长,他都不肯戒了烟。跟姨太太一起抽,与小舅子黄定柱一起抽,跟后面娶的女人一起还是抽,直到抽光了祖宗留下来的老本,抽光了儿女教育的资本,甚至独子张子静的婚事也就此罢休了,这才戒了烟。

难怪张爱玲这样厌憎她的父亲,在父母离婚这件事上她显然是站在母亲那一边的。"我父亲的家,那里什么我都看不起,鸦片,教我弟弟做《汉高祖论》的老先生,章回小说,懒洋洋灰扑扑地活下去。像拜火教的波斯人,我把世界强行分作两半,光明与黑暗,善与恶,神与魔。属于我父亲那一边的必定是不好的,虽然有时候我也喜欢。我喜欢鸦片的云雾,雾一样的阳光,屋里乱摊着小报(直到现在,大叠的小报仍然给我一种回家的感觉),看着小报,和我父亲谈谈亲戚间的笑话——我知道他是寂寞的,在寂寞的时候他喜欢我。父亲的房间里永远是下午,在那里坐久了便觉得沉下去,沉下去。"

可即便是这样日落一样不可避免地沉下去,她还是爱过他的,尽管她多次说过自己不曾爱过父亲。她崇拜母亲,同情父亲。他们这一段悲伤的婚姻虽然结束了,但伤害与影响还不曾消失。旧的东西在崩塌,还将有更大的破坏要来。

不可挽回的脚步

生活又回到了从前的轨迹，像上海六月天下的梅雨，滴滴答答，忧伤而安静。原本以为黄逸梵回国后这个家会重新走上"正常"的道路，哪知道幻梦灭了，她回来给了做梦的人一个响亮的耳光。

父亲搬离了母亲挑选的家——那个所谓红的蓝的快乐的家，住进了一所石库门弄堂房子，靠近她的舅舅黄定柱一家。张爱玲在小说《小团圆》里写到他这样选择，大约还是不肯死心，以为靠近黄逸梵的弟弟便能随时得到她的消息，指不定哪天她回心转意又要来复婚呢。

他是真的爱她。

不幸的婚姻简直是一场灾难，无人能够幸免于难。张志沂永远只能守望着黄逸梵却再也无法靠近她，黄逸梵却因此不得不一次又一次地出走，寻找她的自由与爱情。在中国，那样一个年轻貌美的女性，离了婚还生过两个孩子，只怕没有男人敢爱她。她常说中国人是不懂恋爱的，中国人只喜欢少女——处子，仿佛女人只要是处子便身价高了不少。因而，在张爱玲长到十几岁的时候，她总不忘交代她一句——千万不要有男女关系。

幸福的家庭都相似，不幸的家庭则各有各的不幸。托尔斯泰的警世恒言放之四海而皆准。

在陈旧的婚姻里浸泡了好多年的黄逸梵终于决定再次出走。"不久我母亲动身到法国去，我在学校里住读，她来看我，我没有任何惜别的表示，她也像是很高兴，事情可以这样光滑无痕地度过，一点麻烦也没有，可是我知道她在那里想：下一代的人，心真狠呀！"

张爱玲一直就是这样的一个人，感情内敛，不惯表达。她喜欢将一切都藏在心里，要么绘图，要么读书写作，在色彩缤纷的世界，在文字萦绕的天地，她抛洒了全部的热情与理想。

在人与人的交际上，她不惯于此，即便是自己最亲的亲人，就算是爱人，也没有过多表达的欲望。因此，她的所作所为常常被人误解——误解了也不解释，这就是她。越说越乱，她对自己的语言表达总是不自信，以至于后来遇见能言善辩的胡兰成顷刻间就缴械投降。她崇拜他，人总是容易崇拜一个在你弱势的方面显得强势的人。

其实，她的心里未尝不感到哀伤。"一直等她出了校门，我在校园里隔着高大的松杉远远望着那关闭了的红铁门，还是漠然，但渐渐地感觉到这种情形下眼泪的需要，于是眼泪来了，在寒风中大声抽噎着，哭给自己看。"

她的确是哭给自己看，连给她最后一点儿温暖的母亲也走了，她感到的是一种深深的无助感和孤独感。在这个世上，没有谁会永远陪着谁，大约在母亲的来来去去中她体悟到了人生最初的苍凉。

好在她还可以去姑姑那里。"母亲走了，但是姑姑的家里留有母亲的空气，纤灵的七巧板桌子，轻柔的颜色，有些我所不大明白的可爱的人来来去去。我所知道的最好的一切，不论是精神上还是物质上的，都在这里了。"此后姑姑的家一直给她一种天长地久的踏实感，除了姑姑之外，也许这股母亲的味道也是安慰人心的一剂良药。

此时的她已经上了一所教会学校——圣玛利亚女校，开始看巴金、老舍、张恨水的作品。圣玛利亚女校是旧上海著名的贵族女校，与中西女中齐名。这所学校一向以英文教育闻名，学生都说得一口流利的英文，所有的女生梦想着能嫁给一个门当户对的男人，做外交官夫人。

因为是教会学校，除了英文教育外，自然宗教活动也是必不可少的，仿照当时美国女校流行的教育方法，她们在校期间还要学习烹饪、缝纫、园艺等课程，完全按照当时的西方上流社会淑女培养方法来教育学生。

美国著名女演员茱莉亚·罗伯茨曾经饰演的影片《蒙娜丽莎的微笑》反映的正是这一时期美国社会的女性问题，也是由这样的校园运动开始，只不过换成大学而已。

学校十分重视英文，对中文教育难免忽视。据传很多学生的中文便笺都写得别别扭扭，真的很难想象，在这个教会女中日后竟然诞生了震惊文坛的女作家。像是一幅色调风格全然西式的画作，冷不丁旁边冒出一株东方情调的红梅，那样触目惊心，那样令人惊喜万分。

在圣玛利亚女校读书期间，因为父母离异带来的心情灰暗，张爱玲完全成为一个内心敏感异常的内向少女。在这所贵族学校里，她是真正的贵族，但是落魄的贵族。她对一切活动都不感兴趣，成日只知道埋头读书，偶尔上课的时候偷偷地给老师们画速写。

与其他同学朝气蓬勃的面貌不同，她好似还没成熟就已经苍老。这种早慧表现在很多方面，诸如十二岁的时候就石破天惊地说了这样一句话：人生聚散，本是常事，我们总有藏着泪珠撒手的一天！

这样老练，简直似看破红尘的老者。

也许，透过她冷淡的表情看过去，便能理解这个少女的话了。那时候母亲离开中国，也许是这样的事情让她觉得聚散无常。她说父亲是寂寞的，母亲走后她同样是寂寞的。平时回家她喜欢在父亲的房间里与他一起聊一聊文学，在文学方面父亲一直是比较支持和赞赏的，大约跟他自己的喜好有关。他在自己的小圈子里以诗闻名，被称为"小杜牧"。

十二岁的时候她已经看出《红楼梦》后四十回写得前言不搭后语，于是便跟父亲探讨后四十回的续作问题。十二岁，很多人还不知道《红楼梦》是什么，她却已懂得这本书的前后不一致。为此，她魔怔了一辈子，少年时写了一本《摩登红楼梦》，父亲张志沂煞有介事地给她拟了回目：沧桑变幻宝黛住层楼，鸡犬升仙贾琏膺景命；弭讼端覆雨翻云，赛时装嗔莺叱燕；收放心浪子别闺闱，假虔诚情郎参教典；萍梗天涯有情成眷属，凄凉泉路同命作鸳鸯；音问浮沉良朋空洒泪，波光骀荡情侣共嬉春；隐阱设康衢娇娃蹈险，骊歌惊别梦游子伤怀。

张志沂旧学功

底着实了得，怪不得张爱玲日后能写出那样亦新亦旧的好文章。

张爱玲在父亲这里体味到一种暮气沉沉却安稳踏实的味道，虽不及母亲带来的新鲜别致，却是血脉里一直流淌着的中国传统文化。在父亲这里她不仅看到了《红楼梦》这样的书，还有《官场现形记》，及至后来听张子静说了才知道的《孽海花》。在《小团圆》里她描写一段战乱期间在教授的阅览室里拿杂志看，自然而然地想到从前在父亲书房取书的情景。

父亲虽鼓励她读书，但总有些图书不适宜孩童看——他不明说，她知道，于是便趁着他昏昏沉沉闭目养神的瞬间偷偷溜进去，摸出来一本书，看完了，再用同样的方法偷偷放进去。神不知鬼不觉，父亲的书柜成为她少年时期最要好的朋友。

也是在那里她第一次看到胡适的作品集，胡适先生是首先提出《红楼梦》后四十回为高鹗续书的大学者，想来正因为少年时期的这一印象，大有跟胡适心有灵犀的感觉，因而后来到了美国后还心心念念，跟好友炎樱一起去拜访了胡适，也算了了她年少的心愿。

炎樱是张爱玲港大时期的好友，此时的她尚未登场。她们散落在上海的两个角落，静静等待着命运的推手。

生命中总有这样的时候，对我们重要的一些人有可能就在身边我们却不知，不到那一刻完全没明白宿命的安排，像面纱一样罩着。

对张爱玲稍有了解的人都知道炎樱，可是却很少有人知道在圣玛利亚女校的时候，张爱玲也有一位好朋友，姓张，叫张如瑾，江苏镇江人。

在她最灰暗而敏感的时期，如若没有这个天资聪颖的女生陪伴，也许会更加颓丧。两个人没事的时候总爱谈电影、文学，张爱玲喜欢张恨水，她喜欢张资平。两个女孩时常为了谁优谁劣争论不休——这种争论是青春独有的，以后想要争却再也没有了。

在暑假的日子，她也不忘乘车来上海，只为找张爱玲一起谈天说地，可见她们之间友情的亲密。

寻常人只认为张爱玲冷艳、孤僻，其实，对于一个心思细腻的天才少女而言，她只是没有那么健谈罢了。友谊对她来讲，宁缺毋滥。

因为懂得，所以宽容
——张爱玲传

我只有一个迫切的感觉：无论如何不能让这件事发生。如果那女人就在眼前，伏在铁阑干上，我必定把她从阳台上推下去，一了百了。

——张爱玲

黄逸梵出走法国的那段日子，张爱玲虽万事懒懒的，但心情尚可，跟父亲谈谈文学，没事去姑姑家聊聊天，看着各色美丽朋友进进出出。

她以为日子还是一如既往地这样过下去，直到一个晴天霹雳打过来，她才感到一阵天旋地转的痛楚——父亲要再婚了。消息是从她的姑姑张茂渊那里得知的，整日与父亲生活在一起，却不是他直接告诉她，也许心内多少有点歉然。

羞于出口。中国的父母总是这样的，在面对再婚这样的事情时，在喜悦之余总掺杂着惶恐不安，生怕面对儿女时的尴尬——要是反对怎么办？

"我只有一个迫切的感觉：无论如何不能让这件事发生。如果那女人就在眼前，伏在铁阑干上，我必定把她从阳台上推下去，一了百了。"张爱玲这样说道。她的心里剧烈地斗争，尽管知道这斗争都是徒劳的。

平静的湖水投入一块巨石，一声巨响之后，泛浑的水，不清不楚万事敷衍不敢较真，将是以后生活的原则。她不能要求年纪尚轻的父亲一直不娶，她没有那个胆量也没有那个资格。

向来只醉心文学的张志沂不知怎么鬼迷心窍跟着一个兄弟跑金融市场，情场失意的他赚了一笔钱，这使得他立刻成为别人家东床快婿的人选。帮他介绍女人的便是这位兄弟，在小说里张爱玲称他为"五伯父"。

正是在张志沂人生唯一春风得意的当口，孙用蕃出现了。孙家也是当年的名门望族，父亲在北洋政府做过总理，儿女亲家里既有李鸿章的后人，还有邮政大臣盛宣怀的后人、袁世凯的后人，全是显赫家世。

对于当年的张志沂来说，孙用蕃显然是下嫁了。

孙用蕃这样"委曲求全"不是没有原因的。她抽鸦片，跟徐志摩的夫人陆小曼是好友，当年人称芙蓉仙子。她的父亲家世虽显赫，但母亲是个不得志的姨太太，家里姊妹众多，连男带女二三十个。

年轻的时候她跟自己的表哥好了一阵子，家里死活不同意，嫌那男人家穷。倒像是《红楼梦》里迎春的大丫头司棋的命运，跟表哥相爱家人反对，末了没有别的法子解决难题，唯有一死。

孙用蕃也是这样的想法。她跟心头所爱相约吞鸦片自杀，她倒是吞下去了，可男人害怕了，于是赶紧给孙家打了电话，要他们到旅馆将她接了回去。她没死成，被父亲囚禁了起来——日后她那样对待张爱玲，想想都让人觉得不寒而栗，但偏偏有些女人就是这样的不可理喻。自己受过的罪必定让别人也亲自尝过了，那才算痛快。

她为了爱情失了身，又差点丢了命，遇见张志沂的时候已经是个半死的女人，一个对生活失了兴趣的老姑娘，三十多岁了还没嫁出去。知道根底的人都不愿意要这样一个"残花败柳"，只有张志沂不介意。他跟妹妹张茂渊说："我知道她从前的事，我不介意。我自己也不是一张白纸。"倒是一副大丈夫的坦荡胸怀。

结婚的日子说来就来。如今的我们已经无法想象张爱玲当时的心情，她躲不过，跟着弟弟一起打扮一番像个木偶般参加父亲的婚礼。亲友在关注新娘子的同时，必定都替这对十来岁的姐弟捏了一把汗。读了那么多关于后母怎样心狠虐待前妻留下的孩子的书，想不到有一天这样的事情竟然落到自己的头上。

等着被人戏耍的猴子，没有选择。若是能够逃走，她该多么欢欣！然而，只是幻想，像五彩缤纷的肥皂泡，不用风吹自会破灭。

婚礼竟然是西式的。张爱玲曾这样"讽刺"了她的父亲——"世纪交换的年代出生的中国人常被说成是谷子，在磨坊里碾压，被东西双方拉扯。榆溪（张志沂）却不然，为了他自己的便利，时而守旧时而摩登，也乐于购买舶来品。他的书桌上有一尊拿破仑石像，也能援引叔本华对女人的评论。讲究养生，每天喝牛奶，煮得沸腾腾的。还爱买汽车，换过一辆又一辆。教育子女倒相信中国的故事，也比较省。"

这样矛盾的男人，也许曾对黄逸梵倾心爱过，这一点点西式的东西算是靠近她的表示吧？然而，谁都料不到他竟然要举行新式婚礼。

"婚礼也跟她参加过的婚礼一样。新娘跟一般穿西式嫁衣的中国新娘一样，脸遮在幛纱后面。她并没去看立在前面等待的父亲，出现在公共场合让她紧张。台上的证婚人各个发表了演说。主婚人也说了话。介绍人也说了。印章盖好了，戒指交换过。新人离开，榆溪碰巧走在琵琶（张爱玲）这边，她忍不住看见他难为情的将新剪发的头微微偏开，躲离新娘……"

婚礼上的张爱玲绝对不是唯一的伤心人，她的姑姑张茂渊因为与一个"表侄"的感情焦头烂额，没有前途，喝了不少酒，又带头闹洞房，她不过是要用热闹的氛围驱散心头的孤寂，方不显得她的青春已经逝去。

怀着对从前黄逸梵婚礼的回忆，以及对自己青春的回首，她比任何人都活跃，别人只当她是高兴呢，毕竟是自己的亲哥哥结婚。

十几岁的侄女看出了她的心事。到底，还是女人了解女人。一个异性的了解多少有限，同性之间哪怕是敌人，往往一个眼神、一句话就能够看透对方。

异性看异性总带着朦胧的幻想，男人如此，女人如是。

可惜，新娘子太大了，没有小

姑娘的娇羞，闹不起来。亲戚们隐隐有点儿难堪，张志沂倒是满心希望大家能够热热乎乎地闹起来。自从黄逸梵走后，他太寂寞了，这个家太冷清了。他需要热烈。

在离婚后的一段日子，他的寂寞曾那样昭然若揭。他恨自己，留不住孩子的母亲，决心改头换面，他甚至买了一台打孔机器、一架打字机，可思前想后终于还是没有任何行动，只荒废在那儿，被张爱玲当个玩具一样玩耍。

"他的房间仍是整日开着点灯，蓝雾氤氲，倒是少了从前的那种阴森。烟铺上堆满了小报，叫蚊子报。他像笼中的困兽，在房间里踱个不停，一面大声地背书。背完一段就吹口哨，声音促促的，不成调子。琵琶觉得他是寂寞的。她听见珊瑚（张茂渊）说起他在不动产公司的办公桌。琵琶那时哈哈笑，姑姑口里的她父亲什么都好笑。可是在家里就觉得异样，替他难过。"

是怎样的伤痛让他变得那样寂寞？大段大段背书，不是无聊而是那人声能赶走屋子里的冷清。

张爱玲是懂她的父亲的。女儿都是父亲前世的情人——尽管这辈子他们不相爱。

从此之后，她不再有独自立在父亲跟前与他一起谈文学谈家常的机会了。她虽不爱父亲，但这个男人终于要被另一个女人霸占了去。

就为了那熟悉的气味还有一起说红的回忆，她也无法从心底接受这个女人。何况，这个女人并不那么好相处。

孙用蕃原本在娘家就是出了名会操持家，谁不知道会操持家意味着什么——强势、抠门、精明。看她能够为了所爱想到吞鸦片赴死的法子，刚烈的程度只怕不亚于黄逸梵。

张志沂一辈子都爱消瘦的女人，一辈子受着强势的女人主导着。也许因为他的软弱，也许因为他的旧文人的洵洵儒雅。他不争，自有别人来争。他不问家事，自有别人来替他过问。

从此，这个家将不复宁馨了。

张家交给了孙姓女人。一切祸福喜乐，命运全由别人来裁判。

对张爱玲尚且如此，对张子静更是如此。

他们还不知道自己将迎来怎样的人生。

冥冥中总感到一股惘惘的威胁，毕竟来了个陌生人——这个陌生人，以后她要管她叫娘。

有一个时期在继母治下生活着，拣她穿剩的衣服穿，永远不能忘记一件黯红的薄棉袍，碎牛肉的颜色，穿不完地穿着，就像浑身都生了冻疮；冬天已经过去了，还留着冻疮的疤——是那样的憎恶与羞耻。

——张爱玲

看不见的网

张爱玲和弟弟张子静两个人看着布置一新的房屋，突然有种在天津那个家过节的感觉。桌子上摆满了糖果等吃食，像一种诱惑性的讨好——新来的后母总要先过了张志沂眼睛那一关。

弟弟胆子小不敢拿。张爱玲装作若无其事的样子抓起糖果低着头一顿猛吃，有了她这个榜样，张子静也不再客气。两个人专心致志地吃着糖，眼见着果盘快要吃了一半，两个人还长了点儿心眼，每个盘子均着吃，不大看得出来。

孩子的把戏永远这样的自以为是，像小时候一起耍剑做游戏时一样。以为自己无所不能，却料不到都在大人的眼睛里。孙用蕃陪房过来的女佣笑盈盈地站在那儿，讨好的声口说："吃吧，吃吧，多吃点儿。"他们本来还有点儿不好意思，这下则干脆吃个够。张爱玲觉得她们是用这样的小恩小惠收买他们，一面吃着一面感到羞愧——自己竟然那样容易就被收拾妥帖了。一霎间想起黄逸梵，心里隐隐有些歉疚。

两个人准备给孙用蕃行大礼，左不过下跪磕头那一套。她说如今自己长大了，早已看开了，形式而已，做不得真的，于是便笑眯眯地行了礼叫了一声"娘"。

结婚没多久他们搬家了，搬回从前的老房子。"房屋里有我们家的太多的回忆，像重重叠叠复印的照片，整个的空气有点模糊。有太阳的地方使人瞌睡，阴暗的地方有古墓的清凉。房屋的青黑的心子里是清醒的，有它自己的一个怪异的世界。而在阴阳交界的边缘，看得见阳光，听得见电车的铃与大减价的布店里一遍又一遍吹打着苏三不要哭，在那阳光里只有昏睡。"

张爱玲说父亲不知怎么突然起了怀旧的心，在那所老房子里，他的母亲李菊藕去世，迎娶黄逸梵，生下女儿张爱玲。倒也未必是他要怀旧，日后跟父亲与后母一直生活着的弟弟也许更清楚事实的真相。

孙用蕃因为自来就有擅长主持家政的名声，新官上任还要烧三把火，何况是她那样一个要强而失落的老姑娘？首先，便是搬离这个黄逸梵喜欢的房子，去一个她讨厌的地方——老房子；其次，张志沂选择的住处距离黄家太近了，保不准黄定柱和他的那些个女儿一天到晚像间谍一样，将来跑到黄逸梵那里嚼舌头，自己岂非坏了名声？为了自由的便利，也要搬家。

搬家是孙用蕃的主意，她要拿出点儿威风来治理好这个家，再不许别人轻视了去。非但如此，她还进行了一系列"改革"。诸如将用人的工资进行一番调整，原来何干的工资从十块钱变成了五块钱，与其他用人平等。张家原本多给何干一点儿钱，左不过是看在她从前服侍过老太太的分儿上，地位也尊贵些。

如今，大家都一样了。何干敢怒不敢言，以前很爱提老太太那时候，现在再不说老太太半个字——怕别人听了去，以为她心有埋怨。何干带大的张爱玲将这一切都看在眼里，跟她一样忍气吞声，因为自己又是住读，回来的时候比较少，因而一开始总还是敷衍着过去了。

她只是看着何干有些难过。她已经老了，人一旦老了仿佛所有人都要嫌弃。作为一个靠张家工资养活家人的老女佣，她只是害怕丢了工作——那么大的岁数，没人肯要了。因而尽管孙用蕃那样对她，她还是一口一个太太，热情里掺着一股近乎谄媚的悲哀。耳朵已经有点儿背，却将一双眼睛用得太多，总是太过紧张太过小心地转动着她的眼睛——以为能够靠着眼睛来补救。

家里养了两只鹅，孙用蕃认为鹅可以生蛋然后再生鹅。利滚利，好证明她的精明不是浪得虚名。可惜，天不从人愿。两只鹅每天昂首阔步地散步，就是不见动静。谁也不敢说——连鹅都不生养？太晦气。孙用蕃多么想要一儿半女，她将张茂渊送给张爱玲的娃娃抱了去，放在自己的屋里。

事后，张爱玲告诉姑姑时，姑姑大笑。这是所有女人的悲哀。

她的所谓精明会过日子还表现在送给继女穿不完的旧衣服上。没嫁过来的时候就听说张爱玲跟自己身材相似，瘦高，于是便好心带了很多衣服——大约还是想节省点儿钱，留着钱买鸦片，跟张志沂两个人躺在烟铺上吞云吐雾的时候最快乐，忘记了自己曾被最爱的男人抛弃过，忘记了自己怎样被家族人视为有辱门楣的女人，忘记了被父亲关押的黑暗，忘记了如今自己已经是两个半大孩子的后妈……

她太寂寞，跟张志沂一样。寂寞的人需要鸦片的氤氲互相安慰，对他们来讲日子太长了，磨难太多。

"有一个时期在继母治下生活着，拣她穿剩的衣服穿，永远不能忘记一件黯红的薄棉袍，碎牛肉的颜色，穿不完地穿着，就像浑身都生了冻疮；冬天已经过去了，还留着冻疮的疤——是那样的憎恶与羞耻。一大半是因为自惭形秽，中学生活是不愉快的，也很少交朋友。"幼年缺少什么，长大后便会特别想要弥补，因为缺乏安全感。

小时候吃不饱的人，长大了万分地喜欢吃；童年没有钱花的人，一旦发了财第一件事就是享受挥霍金钱带来的快感；少女时期没有美丽的华服，成年后便要加倍地补偿自己。

张爱玲所在的学校非富即贵，在那里她如同一只丑小鸭般。别人有漂亮的衣服穿，她没有；别人有美满的家庭，她没有；别人有那么多的朋友，她没有。圣玛利亚女校曾一度想要制作校服，张爱玲心里暗暗地支持，她太渴望校服了，倒不是想要统一的严肃感，而是她缺少衣服。如果所有人都穿着一样的衣服，她也不会显得那么寒碜。中年以后的她去中国台湾，听闻某学校要做校服学生一律反对，她只凄然地笑笑。

　　带着这样颓丧的心情学习，她的床铺总是最乱的，她的懒散是出了名的，对什么都提不起劲儿，心灰意冷，除了文学与电影、绘画。学校语文老师布置的作业，她常常不做，老师问起来的时候，总是一句"我忘了"。她丢三落四是真的，但老师的作文题像八股文一样拘着个性，太讨厌，与其写那样的文章不如不写。要写就要写自己喜欢的，写自己熟悉的。她一辈子都在朝着这个目标努力。

　　有一次她没有按照老师的要求去写作，自己拟了个别致的题目《看云》，这样的别出心裁获得了老师的称赞。学校的校刊《凤藻》和《国光》，她倒是投过几次稿。在中学期间她发表了《不幸的她》《霸王别姬》《牛》《论卡通画之前途》……内容从小说到散文，题材从都市到乡村，应有尽有，足见对于一个十几岁的少女来说，她涉猎的题材之多、眼界之广。

　　姐姐的生活固然愁云惨淡，但好在只有周末回家才能与孙用蕃见上面，因而好对付得多，何况张爱玲那样有主见，孙用蕃根本影响不到她。

弟弟张子静就没那么幸运了。他是她的傀儡，逃不掉。张爱玲一早就将姑姑和母亲的家视为自己的依靠，她是站在那一面的，因为母亲没有放弃她。但弟弟不是如此，他的命运跟张志沂和孙用蕃捆绑在了一起。他是独子，是男人，继承了中国传统留给男人的权利——继承家族财产，但也继承了传统遗留给他的责任——给父母养老送终。

他清楚地知道自己的身份，他逃不掉，如果可以，他也希望自己能够逃走。每当想起这种无法抉择的命运，便让人感觉到传统像一张巨大的网，网住了千千万万的中国人。被网住的中国人，一个个像被打捞上岸的鱼，大张着嘴巴想要呼吸，然而，再多的挣扎都是徒劳，只会死得更快。

她住读回家少，每次回去的时候——"大家纷纷告诉我他的劣迹，逃学，忤逆，没志气。"她比谁都气愤，附和着众人，如此激烈地诋毁他，他们反而倒过来劝她了。

恨铁不成钢，这种痛心唯有手足间才可感知，一如当年的张茂渊看着张志沂每日被鸦片熏得意志消沉。她恨弟弟中了人家的计——张爱玲始终认为是孙用蕃挑唆张志沂的缘故，因为在她到张家来之前鲜少听说他打张子静，自从有了后母，他们父子关系也跟着紧张起来。

她在好几部作品里都提及下人看不过眼这样说道："哪有这样打人的？他是独子喔……"可是敢这样仗义执言的下人被张志

沂派到乡下看地去了，没过多久死在了乡下。

"后来，在饭桌上，为了一点小事，我父亲打了他一个嘴巴子。我大大地一震，把饭碗挡住了脸，眼泪往下直淌……"这样的悲怆，旁边的孙用蕃偏偏还笑着说："咦，你哭什么？又不是说你！你瞧，他没哭，你倒哭了！"

这样讥讽，但凡有点心智的一定恨死了她。

"我丢下了碗冲到隔壁的浴室里去，闩上了门，无声地抽噎着，我立在镜子前面，看我自己的掣动的脸，看着眼泪滔滔流下来，像电影里的特写。我咬着牙说——我要报仇。有一天我要报仇！"

然而，就在张爱玲的自尊受到巨大伤害的同时，她的弟弟却像个没事人一样在阳台上踢球——他已经忘了那回事。这一类的事，他是惯的。她没有再哭，只感到一阵寒冷的悲哀。

姐姐替弟弟感到悲哀。

总有撒手的一日

人活在这世上，无时无刻不想着钱的好处与爱的妙处，然而当金钱与爱不分你我地混合在一起以后，我们往往得到的不是双倍的好处，而是被它们『合力绞杀』的痛楚与无可奈何。

青春——嬉笑、躁闹、认真、苦恼的；在着
的时候不觉得；觉得的时候，只觉得它渐渐流走。

——张爱玲

渐渐流走的

青春

　　我们活在这样一个多情而恼人的世界。多情是围着阔与美的
优裕的赞美，恼人是紧跟贫与贱的膏药——一剂又一剂，全然无效。

　　张爱玲说青春——嬉笑、躁闹、认真、苦恼的；在着的时候
不觉得；觉得的时候，只觉得它渐渐流走。再贫穷不堪的青春，
一旦回忆起来大脑总是自动屏蔽那些不愉快的尴尬，留下的便是
雾蒙蒙的清晨，氤氲的黄昏景色，看什么都带着罗曼蒂克的爱。

　　一个女人的青春期，再快乐，里面总是要掺杂着敏感的忧伤，
为赋新词强说愁是绝大多数人的情绪。但张爱玲没有这种所谓优
裕的忧伤，她那个敏感期早已逝去，就是母亲刚回国为她选择音
乐老师的那段时光。那是因为空气里有母亲纤巧灵敏的味道，被
保护着的安稳的日子，总会生出这样无谓的小哀伤。

　　此时的她依然敏感，事实上她终生都敏感异常。敏感是艺术

家触摸世界的手与脚。日子尽管如她所说，那样的懒散和暗淡，然而她还是有两个可以说上知心话的朋友。一个是那个镇江姑娘，另一个则是她的舅舅黄定柱的女儿。

"姐姐与舅舅家的表姐感情很好。放假回家就往她家跑，也常约她们一起去看电影、逛街。那时她也常去姑姑家。从姑姑那里可以知道母亲在国外的情形。母亲写信给她，也都是寄到姑姑家转的。"

并不是所有的表姐跟她感情都好，她喜欢的是一个年纪与自己相仿的，在众姐妹中一直被欺负的老实本分的表姐。后来这个善良而安静的表姐被她写进了小说《花凋》里，二十岁的年纪终于不用再穿姐姐们穿剩下的衣服，家里才开始发现她的美好来。只可惜，还没来得及享受爱情的甜蜜，二十一岁的时候她便得肺痨死了。

这位表姐死后，张爱玲很少再去舅舅家。因为她将这件事写成了小说，舅舅一家读了以后十分愤慨，认为她简直是个白眼狼。等她母亲归国时，满心期待黄逸梵能教训几句，好替他们出口气。哪知，一向姐弟情深的黄逸梵没有说什么，他们姐弟的感情随即淡了下去。

这位可怜的表姐还在世的时候，她们常常一起去电影院看电影——小说里写她临死之前，撑着虚弱的身子跑到了电影院一个人坐了一下午，不免让人心酸。

表姐倒是想结婚的，在生病之前婚事差点就定了，一位留学归来的学生。她是带着对婚姻的憧憬与破灭走向永恒的死寂的。另一个好朋友，那个时常与她讨论张资平和张恨水到底哪个更好的女子，后来嫁人了。

到底分道扬镳，成为隔江相望的两个人。

圣玛利亚女校的几年中学生涯，呼啦一下子就没了。毕业纪念册上，有人问她最恨什么，她随手一填，惊为天人。人生最恨——一个天才的女人忽然结了婚。

倒是有点儿像贾宝玉的声口。没结婚的女儿是水，结了婚的简直一个个成了没颜落色的珠子。如果说贾宝玉的观点只是一个爱美的男人的心里话，那么张爱玲的这一句则是一个早熟的女性的悲凉的话。

中国的女人一旦结了婚便没了自我——倘若是甘心如此便也罢了，若是道德压迫着必须如此，该有多么悲哀？女人，合该为了丈夫和孩子牺牲所有，否则便不算得好女人。中国人能给你戴上一百顶大帽子，压不死人也能闷死人。

而对于那个从前与自己谈天说地的女生，张爱玲是感到一种凄凉的惋惜。原本，她该有更大的作为吧？却早早地投身到没有硝烟的战场，像一个很好的前奏，高潮还没有来，命运的剪刀毫不留情地下手，一切戛然而止。

这些都使得她加深了对于女性自身，以及两性关系与婚姻问题的思考。后来的她终生流连于男女之间那点儿事，除了因为她的女性身份之外，恐怕独特的遭遇是其中最为重要的原因。

她生在一个随处可以见到争斗和争吵的家庭，就连她的亲友们也同样如此，就像《花凋》与《金锁记》（小说女主人公原型为李鸿章孙媳妇）里所表达的一样。钱，往往一点一滴毁了亲人之间的信任与爱。

十七岁，她从圣玛利亚中学毕业。前途一片暗淡，海面上没有灯塔，四顾茫然。此时的她早已经放弃学了多年的钢琴，明面上的意思是她自己不愿意去学了；内里的故事，她一而再再而三地写明了，还是一个"钱"字作怪。

"我不能够忘记小时候怎样向父亲要钱去付钢琴教师的薪水。我立在烟铺跟前，许久，许久，得不到回答……"她也不止一次说过她深知父亲的恐惧。"到底还是无所事事最上算。样样都费钱，纳堂子里的姑娘做妾，与朋友来往，偶尔小赌，毒品的刺激。他这一生做的事，好也罢坏也罢，都只让他更拮据。"

有出无进的日子自然如此。娶了个填房更是如此，孙用蕃处处节俭——除了给自己添置衣物与买鸦片这方面绝不吝啬，别的方面实在舍不得出手。

又一次张爱玲期期艾艾地站在父亲的烟铺前，嗫嚅着表达了要钱交钢琴费用。父亲的烟铺上不再是他一个人，旁边的孙用蕃旁敲侧击冷嘲热讽，各种暧昧不明的说法，诸如：女孩子要学那么多做什么？到底还是要嫁人的；我们中国人啊，就是这点让人觉得没骨气，什么都是外国的好，连教个钢琴的都是外国好，崇洋媚外，难道我们中国那么大的地方就找不出一两个教钢琴的吗？

林林总总，无非逼迫张爱玲的父亲不给钱，但是又不肯明说。张爱玲恨透了她的各种听起来大义凛然的大道理，她一生最恨各种大帽子，偏偏后母便是这样一个人。

张志沂听着不吭声。张爱玲虽然个性内敛，但多少继承了母亲黄逸梵的爽利。她直言道："是不是因为钱？"——不是钱还能是什么呢？为了她的教育花费太多，后母心里有了怨言。

孙用蕃却说："不是钱不钱的问题。"然后又是一堆大道理，她厌憎她的虚伪，满口仁义道德，临了还是一个"钱"字。

就这样，张爱玲不再去那个白俄老师的家里学钢琴，而是去了另一个中国老小姐那里练习。老小姐对待小姑娘十分严苛，教法完全不同，动不动就打她的手背，她终于妥协了，对着这优雅的钢琴，放弃了母亲希望的欧洲淑女风范，也为了不再站在烟铺前难堪地开口。

她也知道她这样做真的中了孙用蕃的计，可是除此之外，她还能怎么办呢？她还太弱小，只有十几岁，还活在孙用蕃和父亲的统治下。

她跟姑姑说自己不学钢琴了，姑姑并没感到太多意外，只是提醒她说："那么你想学什么呢？"张爱玲满心歉然，好不容易才出口说道："我可以画卡通画啊。"没错，她绘画确实很有天赋，第一份稿酬也是画画得来的——是将被囚禁的日子画成漫画，投给当年上海的《大美晚报》——为什么投给这家报纸？她在后来的自传性小说里早写明了，因为她知道她的父亲订阅了这份报纸。

后来的张志沂果然看见了漫画，内心更加悔也更加愤恨，家丑不可外扬，这是中国人一贯的信条。

《大美晚报》给她寄过来五块钱稿酬——五块钱是他们家用人一个月的薪资，她拿着钱欢天喜地地买了一支丹琪唇膏。花自己赚来的钱，就是这样心安理得。

不过这是不久的将来才会发生的事情，眼下她这样跟姑姑说，心里其实没有任何把握，只不过像个急着要证明自己的孩子——

我不是那么没用的。害怕大人低看了她，恐惧被家人所抛弃。

姑姑望着她夸口的样子也是半信半疑，只说了一句，如果选定了就要坚持，不可随意更改，否则，年纪大了——女人年纪大了，什么都没了。希望没了，人生也没了。那时候的女人，似乎只有嫁人这样一条路可选择。职业女性太少，还是个新鲜名词。但姑姑就是个自食其力的"轻性智识分子"，这给了张爱玲不少信心，也给了她方向感。

"乱世的人，得过且过，没有真正的家。然而我对于我姑姑的家却有一种天长地久的感觉。我姑姑与我母亲同住多年，虽搬过几次家，而且这些时我母亲不在上海，单剩下我姑姑，她的家对于我一直是一个精致完整的体系……"

中学毕业这一年，姑姑告诉她母亲要回来了。母亲总是这样，在她人生的十字路口，像一盏探照灯，指引她前行。张爱玲后来与母亲虽多有不愉快的事情，但黄逸梵对她的人生而言确实是第一位影响者。她知道女儿的人生要发生重大的转折，于是便千山万水地跋涉而来。

可怜天下父母心。张爱玲曾不止一次这样说过"父母大都不懂得子女，而子女往往看穿了父母的为人"。

其实，未必如此。张爱玲终其一生没有做过母亲，像她后来在《小团圆》里说的那样"害怕生了孩子会对她不好，替她的母亲报仇"，到底还是知道自己对母亲也是有所亏欠的。

也许可以这样讲，她们虽各有亏欠，也曾努力地爱过对方，但她们都更爱自己，爱人生。年代的鸿沟将温情脉脉的亲情掩埋了。

中学毕业那年，母亲回国来，虽然我并没觉得我的态度有显著的改变，父亲却觉得了。对于他，这是不能忍受的，多少年来跟着他，被养活，被教育，心却在那一边。

——张爱玲

扑朔迷离的前程

童年的时光无聊而漫长，度日如年般，天天盼望着能穿上妈妈的高跟鞋，吃任何想吃的东西，看任何想看的书，没有禁忌——在孩童的世界里，成年后的生活应当就是这样的吧！

越是盼望着长大，越是长不大。

悠长得像永生的童年，老棉鞋里粉红绒里子上晒着的阳光。众生的悲哀与无奈也正在此，以为日子还将一如既往地永生下去，哪知一个春秋后猛然间就发现，无论快乐不快乐的童年一去不返了。

她像雨后的春笋般一下子高出了一大截，

因为懂得，所以宽容
——张爱玲传

细细瘦瘦的她站在圆润的姑姑身旁，简直像一出戏剧般令人捧腹之余不禁生出惘惘的哀伤来。这张照片被张茂渊寄给了黄逸梵，因为觉得那时候的小煐就是那个样，身体只一味地往上蹿，像一株笔直而纤细的幼苗，没有所谓女人的风韵——少女是不需要女人味的，青春逼人就是她最好的资本。

这张照片在几十年后辗转又落到张爱玲的手上，因为那时的黄逸梵已经故去。世间事，常常这样，终点又回到起点。

黄逸梵归来了，那一年正是张爱玲中学毕业。此时的黄逸梵愈加美丽，像一个标准的西洋贵妇，她整日里只穿着漂亮的洋装，几乎不穿旗袍——这与她的女儿终生挚爱旗袍，实在迥然不同。

张爱玲捡起古老中国的风韵，她的人、气质完全是中国式的，只有头脑中的思想是新多过旧。

母亲的归来，她立时便感知到了。黄逸梵要她学着待人接物，什么时候笑、什么时候沉默，如果没有幽默细胞最好不要轻易讲笑话，诸如此类，打算将女儿按照自己的心愿打造成一个西方淑女。

然而，这位母亲注定要伤心，因为像张爱玲这样的天才，在生活上的"白痴"程度是相当惊人的。她能够住在一个房间里长达两年之久而不清楚电铃的位置在哪儿，也能够走同样一段路三个月后却不清楚那段路究竟如何，转个身也许会将桌上的花瓶打碎，哈哈笑起来牙齿外露毫无淑女韵致。

她根本不愿意做什么西方淑女，只想做自己，就像那些在母亲看来十分沮丧的事情，在她，也许关注内心精神世界比物质世界来得更为紧迫罢了。

后来的她总是说一个写作的人绝对不能够是个淑女或绅士，也许是对母亲的一点儿回应。

一次，母亲与姑姑的家里要宴请客人，椅子不够用，她为了不显得自己无用——孩子在父母跟前，永远这样急着证明自己，像张爱玲自己所讲的那样，困于过度的自卑和自夸中，跑到走廊的尽头打算搬一个沙发椅。沙发椅相当笨重，根本进不来，母亲看着她笨拙的模样哭笑不得，每每如此，她便感到自己的毫无用处。那么"处心积虑"地想要在这个美丽的女人面前表现自己，最后往往适得其反，如果她有别的选择，一定希望能够落荒而逃。

她与母亲之间的矛盾，现在只影影绰绰地，隔了一层朦胧的细纱，及至将来投奔她来了，张爱玲才切身感觉到深如鸿沟。

此刻，她最头痛的不是与母亲的一点儿琐屑的事情，而是未来的路究竟该如何走。一次，张爱玲拿出中学的照片端详，怎么看怎么觉得自己没有女人的风情雅致，一旁的继母孙用蕃说可能是发型的缘故，问她要不要去烫发——在当时的贵族小姐中，烫发相当于准备相亲嫁人的意思。她将这番话转达给母亲与姑姑的时候，张茂渊来气了，说哪有这样小的年纪就让出嫁的？——还不是害怕张爱玲一路读书用光了张志沂的财产！

无论多少人替孙用蕃惋惜过、辩解过，在关于财产问题上，她的精明与势利应该是十分确定的事情。但我们若站在孙用蕃的立场上想一想，便觉得释然——年纪一把嫁给张志沂，自己无所出，日后靠的只能是张志沂的财产，还有张子静的养老送终，因而她

因为懂得，所以宽容
——张爱玲传

目标明确，笼络并控制张子静而疏远张爱玲——何况张爱玲是与张茂渊、黄逸梵一边的，女儿都是泼出去的水，读再多书最后还是逃不过嫁人这条路。

既然如此，何必再继续读书呢？她当然想早点儿嫁掉张爱玲，省却她的一桩心事。

黄逸梵问张爱玲："你想继续读书还是用读书的钱打扮自己？"自小便是书虫的张爱玲自然选择第一个，再者她亲眼见过同学张如瑾怎样在嫁人之后萎谢了才华。她害怕婚姻，她父母的婚姻让她想了太多关于女人的出路——读书虽然不一定有自由，但不读书注定要被"三从四德"的礼教捆住一辈子。

她决定报考英国名校伦敦大学，可出洋的学费从哪里来，看来只能去找父亲了。在《私语》里，她这样写道：中学毕业那年，母亲回国来，虽然我并没觉得我的态度有显著的改变，父亲却觉得了。对于他，这是不能忍受的，多少年来跟着他，被养活，被教育，心却在那一边。我把事情弄得更糟，用演说的方式向他提出留学的要求，而且期期艾艾，是非常坏的演说。他发脾气，说我受了人家的挑唆……

张爱玲当时只是个十七八岁的少女，一心向往母亲与姑姑去过的欧洲，仿佛能出去留洋便能改变自己的命运一样，她多么盼望着能够走出一条与当时社会绝大多数女人不同的道路啊。那种一眼望到头的未来不是她所期待的，因为毫无惊喜。

因为想去英国留学，于是便有了上面那段故事，她用演说的方式跟张志沂提出要求，那种感觉是居高临下的，对于母亲那一面新世界的向往与对于父亲这一面旧世界的厌恶，都在这演说的态度里显露出来——那一定是自信而张扬的，同时又因为要向父亲代表的"旧势力"低头——伸手要钱，于是便在倔傲的态度里掺杂了更为明显的看不起。这自然让张志沂大为光火，不仅是他，就连一旁的孙用蕃也听不下去了，发狠话骂道："你母亲离了婚还要干涉你们家的事。既然放不下这里，为什么不回来？可惜迟了一步，回来只好做姨太太！"

这等牙尖嘴利只怕日后为文一向刻薄的张爱玲也要折服，张家的女人都太厉害了，强势而精明，男人一味文雅退让，好似有传统似的。

这样的话传到了黄逸梵耳朵里，黄逸梵那一声轻哼里有着咬牙切齿的痛恨，同时又有一种"失败"的得意——毕竟是她主动离开了张志沂，孙用蕃是后来捡剩下的女人——女人，有时就是这样的天真幼稚，习惯自我安慰，用情爱上的一点儿小胜利慰藉孤独的灵魂。

离婚后的黄逸梵不知是否后悔过，她后来虽然不断换男友，但终其一生从未听闻过获得情感的稳定，她也曾幻想过、爱憎过，但一个女人年岁大了，跟随青春一道走远的还有爱情。她不止一次在张爱玲面前说过这样的话，也跟张茂渊提过这样的话题，女人的爱情多数是伴着青春与美貌而来的。

她和张志沂都有惶恐感，于她来讲是时间无情的消逝，于他来讲则是只出不进的危机感。

张爱玲在《对照记》里写过，她的母亲一直要她不要恨自己的父亲——只有透彻的了解与爱，才能这样吧？她愿意相信他们的婚姻虽然解体了，但情爱尚有余温。正如张爱玲说的那样，黄逸梵对张志沂还有魔力，当她一次次站在他的烟铺前，告诉他说自己要去姑姑（母亲）那里住两日时，张志沂头也不抬，眼皮微微耷拉着，只柔声地回应一个"嗯"。

在午后细细的阳光里，他在独属于他一个人的时光里，静卧着回忆从前。在阳光照耀下的细小的尘埃也成了时间的载体，那样充满郁郁苍苍的身世之感，那一刻他的心是温柔的，因为他想起了黄逸梵。

可眼下这个女人让他犯了难，为什么自己倾心教育的女儿被她三言两语就轻松地拉了过去？他感到费解，费解里涌出了愤怒。愤怒于自己总是失败——当年挽留他们的婚姻失败，如今看女儿的样子似乎又要步入她和妹妹的前尘，他注定要失败吗？

孙用蕃的话无异于火上浇油，他的左右为难全在愤怒的表达上。张爱玲则觉得自己演砸了，跟他们的关系又疏远了一步。但她铁了心地要去英国，不管他们愿不愿意。

认定的事情从不轻易放弃，也绝不轻易言悔，这是张爱玲从母亲那里继承过来的性格。

我暂时被监禁在空房里，我生在里面的这座房屋忽然变成生疏的了，像月光底下的，黑影中现出青白的粉墙，片面的，癫狂的。

——张爱玲

命运或者说命数往往情牵一线，像游丝一般，看着脆弱，若有若无，必定要等到我们转过身来，摸爬滚打里受了点儿伤，才会悟出点道理来，那时便将一些看似偶然实则必然的事情当作命运。

好似张爱玲，父亲给了她那么多年中国传统教育，怎会想到日日伴在一处的父爱还不及偶尔出现的母爱呢？一颗嫉妒的种子埋在了张志沂的心中，等待合适的土壤就要破土而出。

既然父亲不同意她出国留学，那么她的梦只能暗地里悄悄地做了。黄逸梵为了她能顺利通过伦敦大学的考试，为她请了英文老师和数学老师。当时的剑桥、牛津、伦敦三所英国名校在上海租界里均有本校老师负责招生事宜，同时也给贵族子女及有钱大亨人家的儿女补补课，收取高昂的费用。

张爱玲多年后还清楚地记得给她补习英文的老师每小时五元

钱，这相当于他们家用人一个月的工资！常常为了节省点儿坐车的费用，她要走上很久的路才能到补习老师那里。

这一切自然都是瞒着张志沂悄悄进行的。补课还好，可是考试怎么办呢？考试可是接连考两天的。他们的老房子临近苏州河，沪战爆发后，轰隆隆的炮声砸向每个人的耳朵，无法入睡。母亲提议她过来住两个礼拜，张爱玲自然是愿意的，比起张志沂与孙用蕃的死寂沉沉的鸦片烟雾，母亲唠叨的"营养教育学"课程与"西方淑女培训课"倒也容易接受得多。

她专门挑了个父亲独自一人的时候跟他说了这件事——姑姑要我到她那儿住段时间，张爱玲如是说。父亲柔声地"嗯"了声，在他的心里张茂渊叫女儿过去，其实就是黄逸梵的主意，隔了那么久远的时光黄逸梵已经从胸口的米饭粒变成他的床前明月光。男女之事最为奇怪的地方就在这里，在一起的时候可能相互厌憎，待到分开后却又急切地想念——大脑屏蔽了嫌恶与伤害，自动储存感动和温存。

为了这唯一的出路，张爱玲十分用心，也交出了令人满意的答卷。伦敦大学的大门向她敞开了，她是整个远东片区第一名！

也许，黄逸梵会感到点儿慰藉，在培养西式淑女的课程上，她失败了，而且败得很彻底，但张爱玲在学业上的进步则多少弥补了点儿缺憾。

考完试后，她回到了那个到处摊着小报，整个屋子弥漫着鸦片烟雾的老房子。家里正准备用餐，饭菜刚上桌。迎面就是孙用蕃，她问她怎么走了也不跟她说一声。张爱玲回了句："跟父亲说了。""哦，跟你父亲说了！你的眼里哪里还有我呢？！""啪"的一个嘴巴子打了过来，猝不及防，张爱玲被掌嘴了。她本能地想要还手，多年来维护着的表面一团和气终于打破了，两个人积攒着的愤怒与厌恶终于找到了合适的理由释放。

张爱玲的双手被老妈子拦了下来，孙用蕃却一路锐声叫着："她打我！她打我！"上楼了，张志沂趿着拖鞋，"吧嗒吧嗒"地冲下楼，抓住瘦弱的张爱玲一顿拳脚相加，怒吼道："你还打人！你打人我就打你！今天非打死你不可！"

父亲将对黄逸梵的爱与不甘全部加诸他们共同的女儿身上，何况他的身边一直还有个煽风点火的孙用蕃，他们是忌妒和厌憎黄逸梵、张茂渊的人，这件事只不过是多年积下的怨气总爆发罢了。

张爱玲的头被他打得偏到一边又偏到另一边，无数次，耳朵也震聋了一般。她在那样激烈的伤害中还想起了母亲黄逸梵的忠告："万一他打你，不要还手，不然，说出去总是你的错。"知夫莫若妻，那么多年的共同生活黄逸梵对张志沂是了解的，与此同时，她虽然一身洋装，屡次出洋，骨子里还是不得不接受旧中国的一些传统。晚辈对长辈只能如此，否则说出去一个"不孝"

便要了人的命了。

因而，张爱玲像一只死狗般被张志沂又踢又打，直到老妈子们过来拉开，他才住手。打红了眼，那么多年的不满才得以发泄。

他这一打，将张爱玲对父亲的最后一点儿爱恋与同情打没了，从此后，只剩下漠然和憎恨。她在浴室里看着自己身上左一块右一块的伤痕，这些看得见的伤痕还可痊愈，心里那看不见的裂痕却再无愈合的可能了。

她当下就走到大门口，指望出去报警，哪知他们家看门的巡警告诉她门被锁上了，钥匙在张志沂的手里。梦境被彻底碾碎了，曾经梦想着踏着母亲的步伐去英国留学，看看外面的世界，只这一打将她打回了原型，原来她不是小时候跟弟弟玩耍时候手里使着宝剑的侠女，而是一个行动自由都没有的弱者。她的一切未来都不是由自己裁判，眼下父亲就能裁断她的命运与生活。

她又一次看见了自己的渺小。

"我暂时被监禁在空房里，我生在里面的这座房屋忽然变成生疏的了，像月光底下的，黑影中现出青白的粉墙，片面的，癫狂的。"一直照顾她的老妈子何干对她态度也是冷冷的——中国人相信"父要子亡子不得不亡"，她那样对待她的父母便是大逆不道。

唯一可以给她安慰的何干竟然也这样，她只感到一股冷冷的悲哀，尽管她知道何干也是为了她好——不得罪张志沂便是安好与孝敬，否则连带着她都要跟着受罪。老妈子是爱她的，但终究还是爱自己的。人性在这里显得无比强大，没有纯良也没有纯恶，正如张爱玲日后在《自己的文章》中所说的一样，她向来不喜欢斩钉截铁的人物，认为那样的人不过是个例外，实在太假，而生活的传奇往往是具有参差对照的凡夫俗子缔造的。

也许，她对于人性复杂的刻画之所以如此深刻，跟她生在这样一个大家庭里有着密不可分的关系。她从何干这里看到了人的自私，她对张爱玲的爱也是其次的，首先要确保的还是老爷张志沂的喜怒。她看透了一切，但还是从苍凉里生出了无尽的悲悯。

这个她曾经出生在这里的老房子，如今成了她的活牢房。在这所老房子里，李菊藕静静地谢世，黄逸梵喜忧参半地嫁进来，张爱玲呱呱坠地，这四壁上都是写满回忆的篇章，然而，他却亲手将女儿送进了这片不得自由的居所。

他甚至扬言要打死她，张爱玲心里渐渐地怕了起来，因为她知道父亲的确有手枪。在这暗无天日的房子里，她什么都不能做，只是干等，等一个机会，逃出升天。曾几何时，这个堆满了小报烟雾缭绕的家，也给过她温馨的回忆。那些与父亲坐在一起笑着谈些亲友们的八卦时光，一去不返了。

他们像墙壁上积年的影子般消逝了。

现在留下的只是恐惧、无聊、憎恨。每天她竖起耳朵听外面的动静，寻找一切可以逃脱的机会，但总是循环着等待与失望。

机会曾经有过一次，却在她的犹豫中溜走了。

那是她被打的第二天，姑姑张茂渊来了。本来张茂渊因为与大伯张志潜打官司的事情，与亲哥哥张志沂闹翻了，早已不来往，如今却为了她亲自登门说理。可是她刚进门，孙用蕃就别有心计

因为懂得，所以宽容
——张爱玲传

地说了句："是来捉鸦片的吗？"只这一句就将张志沂的怒火勾了起来，因为吸食鸦片的只有他跟孙用蕃两人，无形中将张茂渊推到了对立的阵营里。

张志沂没等张茂渊开口，跳将起来，拿起烟枪打伤了她。张茂渊溃不成军，此后再也没有踏进这个家门，兄妹俩再无任何交集，即便很多年以后张子静打电话告诉她张志沂去世了，她也只静静地说了句"哦，知道了"，便挂断了电话。

初看来张志沂算得胜了，妹妹不再敢说任何反对他的话，女儿也在自己的家中被看住，可亲人之间从来没有绝对的胜负。他打了张爱玲又打了张茂渊，一并伤害了两个与他有血肉联系的女人。这一次，他输得彻底，因为再无补救的可能。

张茂渊捂着受伤的脸去医院缝了好几针，还好眼镜的镜片没有戳到她的眼里，但从此那张美丽的脸上留下一条细细长长的疤痕，时刻提醒着她这伤害的由来，叫她不去怨恨都难。

打断骨头连着筋，毕竟是血浓于水的亲兄妹，当年的李菊藕仅有的一对子女，张茂渊没有去报警，怕家丑外扬，且从来没有主动跟张爱玲提及过。她一直就是那样一个淡定而骄傲的女人，不祈求用悲情的故事获得别人的谅解与同情。

从小一直跟着她生活的张爱玲也学会了这一点，遇到天大的困难也不习惯抱怨与诉苦，从来都是淡淡的，人们以为她寡情，其实她们那样的性格，只是不喜欢到处卖弄不幸，热情留在了心底最深处。

常常我一个人在公寓的屋顶阳台上转来转去，西班牙式的白墙在蓝天上割出断然的条与块。仰脸向着当头的烈日，我觉得我是赤裸裸的站在天底下了，被裁判着像一切的惶恐的未成年的人，困于过度的自夸与自鄙。

——张爱玲

鞋里的沙粒

性格相似的同类可以做天然的知己与朋友，却不一定适合生活在一起；性格互补的异性倒是更适合在一起，因为很少有冲突——只要互补的是个性，相似的是兴趣爱好，便是绝佳的组合。

很显然张爱玲跟她的母亲属于前者，跟父亲属于后者。每每她跟母亲在一起相处时便神经紧张，因为她的母亲太完美主义，要求高，于是张爱玲便时刻提心吊胆，生怕惹母亲不高兴，黄逸梵一旦不高兴便会说出许许多多抱怨的话，或刻薄或无情，而这些话都被一心渴望被爱的张爱玲记在了心里。

相比之下，她与张志沂在一起生活完全没有这种担忧的必要，她不必讨好他，他堆满小报的烟铺虽然让她看不起，却也让她感到放松，因为毫无压力。在绘画方面她能够跟母亲一起交流意见，在她最为得意的文学方面，饱读诗书的张志沂无疑是最好的倾听者也是最好的交流者。

因而，她曾说过父母离婚以后她并没有感到特别的不快乐，那是因为母亲原本就很少在家里，而与父亲的相处绝大多数是轻松愉悦的。只可惜，这和谐因继母的到来被打破了，她对孙用蕃的讨厌几乎是先天的，毫无来由的厌恶——因为她抢走了她的父亲，那些与父亲谈天说地的老日子被一股脑儿地掠夺了。

被关半年的张爱玲，由于欧战爆发也去不了伦敦大学了。在父亲那里逃出来后，只得投奔了母亲来。此时的母亲正经历她人生中最为灰暗的日子。她的财物被张茂渊拿去送了人——给李鸿章的长孙李国杰打官司用了；她的恋人因为欧战爆发丢了性命，她一路辗转着到过印度，在那里做了印度首任总理尼赫鲁的两个姐姐的秘书；她在英国的工厂里做学徒，想学习制作手袋来卖，可惜她生早了几十年，那时候在东方还不流行定制手袋……诸事不顺，因而张爱玲说这时候母亲的家不复是柔和的了。

只是，这些感情上的不顺与事业上的挫折，她不愿意透露给女儿，母亲太要强太要面子。女儿因为这个原因对她产生了误解，以为自己成为母亲不得已的累赘。

黄逸梵其实是一个特别情绪化的人，心直口快，往往在生气的时候会说出特别伤人的话语，可惜张爱玲并不懂得。

原本财力上比较拮据，她又因为此正跟张茂渊有了不痛快，可为了节约房租，又不得不姑嫂二人租住在一起。张茂渊是特别喜欢独来独往的人——这点个性也影响了后来的张爱玲，孤僻也许算不上，但不热情好客总是有的。

因而黄逸梵与张茂渊这段时间的合住一定是充满了各种不愉

快，一个
喜欢结交朋
友，一个喜欢
清静，无法协调
的天然矛盾。

　　现在张爱玲没头没脸地
投奔了来，她作为母亲自然是不会
让女儿再回到那个差点儿要了她命的地方，
但是女儿的到来也确确实实增加了她的负担，为此她时常
会说两句，抱怨张爱玲花费了她那么多心血却做不出她所希望的
样子来。

　　"在父亲家里孤独惯了，骤然间学做人，而且是在窘境中做
淑女，非常感到困难。同时看得出我母亲是为我牺牲了许多，而
且一直在怀疑着我是否值得这些牺牲。我也怀疑着。常常我一个
人在公寓的屋顶阳台上转来转去，西班牙式的白墙在蓝天上割出
断然的条与块。仰脸向着当头的烈日，我觉得我是赤裸裸的站在
天底下了，被裁判着像一切的惶恐的未成年的人，困于过度的自
夸与自鄙。"

　　起初向母亲伸手要钱是一件顶美好的事情，她一直用一种罗
曼蒂克的爱来爱黄逸梵。可她渐渐地看出母亲的窘迫与为难来，
为她的脾气磨难着，这些琐屑的事情一点点地毁了她的爱。她记
得母亲在前一次回国的时候，过马路的时候突然牵起了她的手，

两个人都觉得不习惯，因为缺乏爱的了解，于是便有了种刺激性的尴尬。

爱一个人能够爱到向他伸手要零花钱的地步，这是最大的考验，张爱玲如是说。

除了曾经的补习费——据她的自传体小说，她统共考过两次伦敦大学，第一次因为数学的缘故没考上，第二次则是以远东区第一名的成绩被伦敦大学录取。她害怕在这个精美无比的家里犯错误，她走长长的路去补习，为的就是怕向母亲要钱。

"琵琶（张爱玲）打破了茶壶，没敢告诉她母亲，怕又要听两车话。去上麦卡勒先生的课，课后到百货公司，花了三块钱买了最相近的一个茶壶，纯白色，英国货，拿着她从父亲家里带出来的五块钱。三块似乎太贵了，可是是英国货，她母亲应该挑不出毛病来。"（《雷峰塔》）

母女之间需要这样的小心翼翼，爱被包裹得太压抑，只剩下了谨小慎微。

一点点的不愉快像鞋里的一粒细沙，虽不致影响奔跑，但总是走起来就痛。

有一次，张爱玲得了很严重的伤寒，大约因为前些时候在父亲的家里受了不少罪，因而身体一时半会儿缓不过劲儿来。母亲为她找了位法国医生——一位母亲的爱慕者，黄逸梵漂亮得体，随便走到哪里总有不少倾慕她的人，此时的她依然年轻，为了张爱玲不得不困在国内。有时她会抱怨说都是因为张爱玲才留在中国，每每如此张爱玲便暗自下定决心一定好好读书，将来将母亲的钱还给她。

亲情，有人说是世间最坚固的感情，因为它不问缘由地爱。其实，亲情有时未必那么固若金汤，一点儿琐事，尤其关于金钱方面的纠葛就能让一家人横眉冷对。这样的事例实在太多，并非张爱玲一人遇到，也非一时一地之事，古往今来皆如是。

张爱玲在那位法国医生的照料下康复得不错，与她同一病房的一个女孩子，十六七岁的年纪，与她相仿，巧合也是得了伤寒，哼哼唧唧一整夜，待到第二天她却听见护士漫不经心地谈起来，死了。生命，有时竟是那样的脆弱。她惧怕起来，以为自己没有死在父亲的老房子，却要因为伤寒而送命。

好在过了一阵子，她的病情好转了。黄逸梵因为每日要照顾她的饮食起居，又要与护士套近乎，弄得烦闷的时候便抱怨起来：你就是个害人精！你只会拖累别人！我真不该救你，就让你自生自灭好了！

这样刻薄的狠话，确实不太像一个母亲所说。然而，我以为像黄逸梵那样情绪化的女人，她说出这样的话也属于正常。任何人，愤怒的时候说的话总是比刀锋还要锋利。

那时候的黄逸梵虽然美貌依

旧，可年岁不知不觉大了，她时时刻刻感到作为女人的危机感。她曾经不止一次跟张爱玲说过青春易逝、红颜易老的话题，想来也是有感而发。

因而，当她面对张爱玲这样一个甜蜜的负担，肯定会感到身不由己。若不是因为女儿投靠了过来，若不是她作为一个母亲的责任，她大可以潇洒地甩甩手周游世界，像从前一样。然而，她没有。她没有那样做是出于理性，可从感情上她又一天也不愿意在中国待着。中国的男人，中国的道德观里不太欢迎她那样的女人。

有了这样矛盾的心理，所以她才会那样反复，一会儿要好好培养女儿，一会儿又会抱怨她是个拖累。张爱玲终其一生也不太理解她母亲的这点儿心思，她只想着黄逸梵没有别人母亲的温情。从这个角度来讲，张爱玲也跟黄逸梵一样，是个有些自私自利的女人。

这些自私的小缺点，非但没有折损她的光辉，反而令人感到她的真实。她不是神坛上的女神，也不是天庭里遨游的仙子，诚如她在《忆胡适之》一文中所说的那样，她一直都认为偶像都有"黏脚土"，否则便会站不住脚。

在与母亲一起生活的这段日子，虽然时刻有被教训、被批评的隐忧，但是总体来讲还算平稳。她对目前的训斥一直耿耿于怀，以至于晚年的她给宋淇夫妇的信中还要说家长对孩子最好多夸奖少批评，这样的孩子容易建立自信。可见，黄逸梵曾经怎样将她推上了高等教育的路，又怎样带给她十分难过的伤害。

姑姑相比起来倒还好，也许因为究竟不是自己的儿女，就像黄逸梵所说的一样：姑姑之所以不说你是因为你是外人，有一天你会后悔没人唠叨你。

多朴实的话，每一个中国的父母都有过这样的时刻吧？

张茂渊对喜欢丢三落四的张爱玲只有一个要求，那就是将她的英文书摆放整齐，否则那些放倒了的萧伯纳等，客人来了还以为她不懂英文呢。

张爱玲此时的英文已经十分好，这为她的未来写作储备了能量与知识。

张爱玲逃出老房子后，除了何干来了一趟，张子静有一天冷不丁地突然跑了来。他拿着球拍和报纸包着的球鞋，满心期盼黄逸梵能够收留他。可见那个家是真的让人没法留恋了，就连一直被视为与张志沂一边的张子静，如今也投奔了来。

张爱玲虽然气愤他的"家门之玷"事件，但到底是血浓于水的姐弟，内心一直希望母亲能够收留他，然而面上却没有任何表示，因为她自己都是作为"难民"被收留的，哪里还有资格要求母亲做更多牺牲呢？

果然，黄逸梵要他吃了饭后还是回家去。张爱玲退缩在一角默默地哭泣，这是将弟弟推到没有希望的永生里，他还是个少年啊！后来她在《私语》里写到老女佣何干拿来的童年扇子时，这样写道："因为年代久了，一扇便掉毛，漫天飞着，使人咳呛下泪。至今回想到我弟弟来的那天，也还有类似的感觉。"

感觉生活无味无望的张子静，走投无路间投奔了母亲，然而黄逸梵只淡淡地说了句"你还是回去吧"，不得不让人感到悲哀与苍凉。不是她不愿意收留唯一的儿子，而是一个张爱玲就已经让她捉襟见肘，如果再来个儿子显然吃不消。

在她的概念里，他是张志沂唯一的儿子，他不会不给他教育的——事实上，张志沂一直都是在家里请先生来教儿子，断断续续的，张子静很大了才去上学。在这件事上，张爱玲很不客气地说父亲这样做无非是为了省钱——省下钱好跟孙用蕃一起躺在烟铺上吞云吐雾。

黄逸梵又以为不必为这个儿子费心，因为按照中国人的传统，父亲是不会不管儿子的，最后他的家产总是要留给张子静的——然而，张子静生前给张志沂与孙用蕃送终后，得到的唯一资产便是静安区一处十四平方米的老房子！

假如人真的有前后眼，黄逸梵还会不会那样斩钉截铁地要求张子静回去？也许，她对儿子的爱不及对女儿的爱，但至少会为他谋个好的前程吧？

可是，这些只能是令人痛心的假设。因为，历史的车轮从不会倒退着走，岁月的流水也不会回头。

一 一出没有结局的戏

十九岁离家远走到了香港，像是从繁华闹市到了一个人心荒凉的岛上，孤独而封闭。很多年以后她为上海人写了一出香港传奇，哪知道传奇的背后竟是些琐屑的不堪。

那是个火辣辣的下午，望过去最触目的便是码头上围列着的巨型广告牌，红的，橘红的，粉红的，倒映在绿油油的海水里，一条条，一抹抹刺激性的犯冲的色素，窜上落下，在水底下厮杀得异常热闹。流苏想着，在这夸张的城里，就是栽个跟头，只怕也比别处痛些，心里不由得七上八下起来。

——张爱玲

战争说来就来，完全由不得人的想象。张爱玲颇看了些北京作家老舍的作品，想必也看过《四世同堂》。书里赵老太爷听闻炮火轰隆隆砸向北京城的时候，固执地相信只要将门抵死了，战争说走就走的。

可惜，这只是人们的一厢情愿。

20世纪三四十年代战火肆虐，所到之处人心惶惶，上海置身于战火的包围里，反倒生出一种及时行乐的洒脱来。乱世的人，哪里顾得上将来？

因为欧战爆发，英国是去不成了，退而求其次去英国的殖民地香港吧。于是，在母亲的建议下，张爱玲在十九岁那一年踏上去香港的轮船。在一片脏乱的码头，她的送行人只有黄逸梵、张茂渊两人。

就在这需要伤感表现的一刻，拥挤的人群里走过来一个黑、矮、胖的女孩子，人虽然不算漂亮，却浑身透着一股世俗的机灵劲儿。她就是炎樱——炎樱本人对张爱玲给她取的这个名字并不感冒，她本人更喜欢什么"嫫梦"之类的名字。

原本她们补习的英文老师就是同一人，只是从未见过彼此。

炎樱的母亲是天津人，一直在上海生活着，炎樱算半个中国人，父亲是个珠宝商人。《色·戒》中，易先生为王佳芝购买"鸽子蛋"的地方正是炎樱父亲开的珠宝店。

她与张爱玲走在一起永远是一道奇妙的风景：张爱玲高、瘦、白，她黑、胖、矮，时时有继续发胖的危险；张爱玲性格较为内敛孤僻，没有什么朋友，炎樱性格外向，活泼开朗，朋友遍天下，人缘极好；张爱玲不会待人接物，只是个"书呆子"——《小团圆》中她的同学评语，而炎樱却对于世俗生活如鱼得水，处处显示出她是世俗世界里的精灵女子。

可，就是这样的不同，却填密张爱玲此后的青春岁月。

炎樱主动与张爱玲打招呼，张爱玲腼腆一笑。黄逸梵在上船前跟炎樱套近乎，一个劲儿贬低张爱玲的生活能力——其实，张爱玲的生活自理能力不用她贬低，也就那样了，毕竟从前是个处处有女佣照顾的贵族小姐，突然放到了社会上，哪里有自谋生路的本领呢？

但炎樱不同，生意人家的孩子多少会沾染商人的市侩与精明，在这一点上她天然地比张爱玲有优势。黄逸梵又赞她聪明得体，她做这一切无非是希望漫漫旅途里她能够代替她照顾她那可怜的女儿罢了。可怜天下父母心。

张茂渊能做的则是请她的朋友，一位名叫李开弟的工程师做张爱玲的监护人，照顾她在香港的生活。这位李开弟在几十年后，成为张茂渊的丈夫，而当时的张茂渊已经78岁，几乎单身了一辈子。

炎樱处处与张爱玲不同，就连家庭也与她不同。炎樱的家里欢乐和谐，在这样的家庭里成长的孩子性格想不开朗都难。她一眼就瞥见了炎樱的父母如何温柔而热情地与之道别，换到她跟自己的母亲则一切都是淡淡的，甚至连个拥抱都没有。她们不习惯这么亲密。

原本以为姑姑会与自己拥抱一下，哪知临了姑姑只给了她一个英国式的道别。她立在那里有点儿想要尴尬地偷笑，最后还是拼了命忍住了，急切地钻进了船舱里。

炎樱邀请她一起去甲板上再看一眼亲人们，她却摇摇头不愿意去。张爱玲是惧怕分离的场面的，那种似乎必须挤下几滴眼泪才算圆满的场面，不如不见。从前送黄逸梵去法国时有过一次，送何干的时候也是，她害怕那种尴尬。

船上的无聊时光全被健谈的炎樱给打发了，自然她还有书可以读。经过漫长的航行，船终于抵达了目的地，香港。初到香港的感受如何，她后来也没有过多的描述，但也许从她的传世名作《倾城之恋》里可以找到点儿当时的影子："好容易船靠了岸，她方才有机会到甲板上去看看海景。那是个火辣辣的下午，望过去最触目的便是码头上围列着的巨型广告牌，红的，橘红的，粉红的，倒映在绿油油的海水里，一条条，一抹抹刺激性的犯冲的色素，窜上落下，在水底下厮杀得异常热闹。流苏想着，在这夸张的城里，就是栽个跟头，只怕也比别处痛些，心里不由得七上八下起来。"

炎樱学医，当时港大的许多马来西亚的学生都是学医。只有张爱玲一个人学文学，那时的港大文科并不算好。她与一切的同学都显得格格不入。她来自内地，从内地过去的学生统共就几个人，她生在上海，竟然连上海话都不太会讲，广东话就更不会讲了，本来她就是个不愿意开尊口的人，因为语言不通索性沉默。

书是她最好的朋友，就像她写给朋友的信里所说的一样。

在没有人与人相交接的地方，她充满了生命的欢愉。

周围的同学非富即贵，她身处于一群橡胶大王的子女中，少女的敏感和自尊常令她更为沉默。在上海的圣玛利亚女校，虽然穷困但还不至于那么窘迫，如今正是女孩子该打扮恋爱的季节，偏偏她没有多余的钱装扮自己，身体也只是一味地抽条，细而高，仍像孩童，没有女性的诱惑。她的感情世界一直空白得可怜。别人都嫌她古怪，只知道学习，背地里叫她书呆子。她听了倒也不去分辩，本来就是书虫一个，还有什么可争辩的？

贫穷像旧年的冻疮般，如影随形跟着她，走过她人生的花季雨季。满校园里只有她一个人买不起一支自来水笔，到处托着一瓶钢笔水走动，成了同学间议论的对象。

没有贫穷过的人无法理解其间的辛酸。

几十年后她在《忆〈西风〉》里这样写过一件令她尴尬的事情：

"本地人都是阔小姐，内中周妙儿更是父亲与何东爵士齐名，只差被英廷封爵的'太平绅士'，买下一个离岛盖了别墅，她请全宿舍的同学去玩一天。这私有的青衣岛不在渡轮航线内，要自租小轮船，来回每人摊派十几块钱的船钱。我就最怕在学费膳宿与买书费外再有额外的开销，头痛万分，向修女请求让我不去，不得不解释是因为父母离异，被迫出走，母亲送我进大学已经非常吃力等等。修女也不能做主，回去请示，闹得修道院长都知道了，连跟我同船来的锡兰朋友炎樱都觉得丢人，怪我这点钱哪里也省下来了，何至于。我就是不会撑场面。"

这段叙述没有张爱玲一贯的冷艳和刻薄，平静如水的写作下我却看到了那个几十年前左右为难的少女，为了一点儿钱，那样难堪。也难怪她要这样斤斤计较，在晚年还不忘记下一笔。英国著名作家乔治·奥威尔跟她一样年少时受过穷，他就曾写过没有人能理解贫穷对于一个少年（少女）所带来的震动这样的话。

何况她还是在一群富贵小姐的包围里？个中滋味只有她自己饱尝，外人再怎么想象着体谅也只是隔靴搔痒。

张爱玲一生看重世俗生活的意义，自然也包括对待金钱的态度，固然与她出身大家庭有关，想必这些上学时期的窘困只怕也是助她了解金钱重要的原因。

在港大，她成为一个熟读古书满肚子旧诗文的异类，尽管她的英文也十分好——张子静就曾写过这样的事情，张茂渊对他说：你姐姐真是个怪人，什么样的英文书拿过来就看，哪怕是一本牙医的书。

她在那儿，没有任何优势。论家世，她那个早已破落的家世简直不值一提，香港一直就是一座务实而重经济的城市，那些新贵阶层的资本家才是吃香货；论样貌，张爱玲虽不至于丑，但若说她多么美貌恐怕也言过其实了；论性格，她孤僻不善于与人周旋，处处显示的只能是她的劣势。

就连她一向骄傲的中文，在这里也失去了用处。在《对照记》里，她曾经这样写过她的父亲："我父亲一辈子绕室吟哦，背诵如流，滔滔不绝一气到底，末了拖长腔一唱三叹地作结。沉默着走了没一两丈远，又开始背另一篇。听不出是古文时文还是奏摺，但是似乎没有重复的。我听着觉得心酸，因为毫无用处。"

张爱玲的唯一长处，在港大校园里也有这种类似的"毫无用处"的心酸。

不过十几岁的人感情最剧烈，得奖这件事成了一只神经死了的蛀牙，所以现在得奖也一点感觉都没有。隔了半个世纪还剥夺我应有的喜悦，难免怨愤。

——张爱玲

西风多少恨

王国维在《人间词话》里称清人纳兰容若写词为"有宋以来第一人"，确乎如此。纳兰词里有一句并不为多少人所熟知的，我却十分喜欢，因为它透着无数的风情韵味。"西风多少恨，吹不散眉弯"，每每读到此词我像巴甫洛夫的条件反射一样，不自觉地就想起张爱玲跟上海《西风》杂志社的一段文坛公案，于当事人来讲，确实是西风多少恨。

张爱玲到了港大以后，努力适应着那边以英文教育为主的生活和学习习惯，将中文当作一柄不轻易示人的利剑深藏于心。

在这个以写流畅的英文为骄傲的地方，她实在没有一样拿得出手的东西。然而，一个来自她的故乡上海的机会来了。当时，上海《西风》杂志社举行了一次征文比赛，名为：我的……《西风》是一本十分洋派的杂志，也是十分具有海派风格的杂志，这本杂志的顾问便是当时红遍天下的林语堂。彼时的张爱玲对林语堂十分羡慕，曾经说过这样的话：我要比林语堂还要出风头！

这样便不难理解她缘何要给《西风》投稿了。张爱玲后来在《忆〈西风〉》里这样写道："我写了篇短文《我的天才梦》，寄到已经是孤岛的上海。没稿纸，用普通信笺，只好点字数。受五百字的限制，改了又改，一遍遍数得头昏脑涨。务必要删成四百九十多个字，少了也不甘心。"

大约张爱玲在"西风"这件事上隐约记错了一些细节，有人找出当年的《西风》杂志，赫然写着的却是"五千字以内……"。

"法国修道院办的女生宿舍，每天在餐桌上分发邮件。我收到杂志社通知说我得了首奖，就像买彩票中了头奖一样。宿舍里同学只有个天津来的蔡师昭熟悉中文报刊。我拿给她看，就满桌传观……"

张爱玲或许会记错当时的征文要求与细节，但别人通知她得了首奖的事情，给当时的她"出口气"的事情，想必不是记错。越是这样，越是证明它的真实性。因为这件事好比一个一穷二白的女学生，一直吃不好穿不好，猛然间收到别人赠送的一件漂亮连衣裙一样，那样喜悦，自然就念念不忘。

甚至更甚，因为这是她自己凭借努力得来的荣誉。"蔡师昭看在眼里，知道我虽然需要钱，得奖对于我的意义远大于这笔奖金。"

因为懂得，所以宽容
——张爱玲传

那时的张爱玲满怀期待，期待看到结集出版的书籍，和餐桌上分发邮件时众人的惊呼——我的天！那么多的奖金！她等着同伴们的侧目，那样需要被承认，因为她自小以来一直在否定声中长大，唯一的肯定却是来自父亲那一面。

人类大约对于纸质书有种天然的迷恋和迷信，以为一旦白纸黑字敲定了，仿佛便是种权威的象征，至少是种能力的证明吧。因而，张爱玲万分期待《西风》杂志社的最后通告。

可，越是希望的事情最后往往落空。

她晚年这样沮丧地说："不久我又收到全部得奖名单。首奖题作《我的妻》，作者姓名我不记得了。我排在末尾，仿佛名义是'特别奖'，也就等于西方所谓'有荣誉地提及'。"

在这样尴尬的一刻，她竟然还想到了幸亏没有写信告诉黄逸梵，否则该有多么窘！

原本期待能够一扫被人小瞧的境地，哪知竟然让自己那样难堪，恨不得找个地缝吧？后来征文结集出版的时候，倒是用了张爱玲的题目《我的天才梦》。

天才梦，区区五百字不到，却让我们看到了一颗文坛新星呼之欲出。今天任谁看了这篇短文都会忍不住为她早慧的犀利文风所震撼，尤其是末尾那一句"生命是一袭华美的袍，爬满了虱子"。

写《我的天才梦》那一年她只是个十九岁的少女。"不过十几岁的人感情最剧烈，得奖这件事成了一只神经死了的蛀牙，所以现在得奖也一点感觉都没有。隔了半个世纪还剥夺我应有的喜悦，难免怨愤。"

出名要趁早啊，这是张爱玲一直以来的观念，所以才会对十九岁那一年的征文比赛那样耿耿于怀。

她渴盼奖金，因为她受穷；渴望得奖，因为想在母亲的面前露个脸，好让她夸赞两句——黄逸梵对于儿女们的表现实在吝于夸奖。

再者，她也许想借着这样的事情好证明给母亲看：看看，我是有还你钱的本事的。

她一直说"我知道二婶为了我牺牲很多，我将来一定会还钱给二婶的"。

多悲哀，母女之间竟然要这样楚河汉界泾渭分明。

时间像离弦的箭一般，轻描淡写间就射过了一个寒来暑往。暑假的时候原本说好跟炎樱一起回上海的，那个家再怎么冰凉，也是个家。何况，整个上海对她来讲是一处巨大的容身之所，只有在那里她才能感到人生的欢愉与自在。

她在别处写过这样的话，还是爱上海，没有离开已经想念了。上海，对她而言就是朦朦胧胧的巨大的家的概念。很多年后，当她独居美国时，闭门谢客的习惯没改，但是有一次翻译家冯亦代去美国，给她家中的邮箱里写上希望能见上一面的话语云云。

她后来说上海来的朋友还是想见一见的，只可惜等她看到那封短笺的时候冯亦代已经回国了。什么人都不愿见，除了上海来的。上海是她的根，她的魂魄，哪怕几十年别居海外梦里也要招她的魂去幽会。

因而，对她来讲，她暑假说要回家，与其说回家，倒不如直接说回上海。她整个的人都是上海的。

可惜，说好的跟炎樱一起回去，不知怎么炎樱悄无声息地一个人独自回去了，留下了张爱玲一个人孤零零地住在修道院办的宿舍里。从来不喜欢放声痛哭的她破例哭了一回，且是那种撕心裂肺的恸哭，我以为应该不是孤单的落寞感带来的失落导致情绪崩溃，而是她向来喜欢别人言而有信，这样不着边际，又是自己唯一的信得过的朋友，怎么想都是十分受伤。这伤害里又涌进了一点点恼恨的怒火。

她干脆不回去了，一个人安安心心地住下来，倒也省心，起码不用听黄逸梵的唠叨，不用因为住在姑姑那里，担心她嫌她烦。整日里只有书为伴，日子虽清苦，总也是好的。

可是有一天，让她意想不到的是母亲黄逸梵来了，她还是那样明艳动人，时髦女郎。有天下午，一个老嬷嬷叫她说是有人找。

来者正是她的母亲——想不听唠叨都难。老嬷嬷引导她去校园里逛逛，随口一问："你住在哪里？"

黄逸梵顿了顿说道："浅水湾饭店。"听了母亲的话，张爱玲觉得十分尴尬，因为她之所以搬到修道院来住，完全是为了节省一个夏季的住宿费，何况有修女知悉她家庭困难的情况。黄逸梵冷不丁冒出一句"浅水湾饭店"，着实让人窘迫，因为那是全香港最贵的酒店。

她猜到母亲能这样"挥霍"一定是姑姑还了她的钱了。张茂渊为了年轻时所谓的爱情，贴了人还贴了钱，不划算。因为帮助她所爱的什么表侄子打官司，她先是发动张志沂一起与张志潜打官司，后来官司败了又拿了黄逸梵的钱贴给李国杰。与亲戚反目，跟哥哥成仇，总之，一败涂地。

黄逸梵也不说自己要到哪里去，好似是印度、马来西亚之类，张爱玲也不好问。她们母女的关系永远是亲密中带有距离感的尊敬，疏离又了解，很奇怪。

母亲在香港住了不少时日，那段时间她每天要乘车去浅水湾饭店，在那里她见到了母亲同行的朋友，也是后来香港爆发战争后她时常去见的人，最终这一对平凡男女化身成《倾城之恋》里不朽的白流苏与范柳原。

阅尽人间沧桑，写尽世间男欢女爱，不如自己有个倾心相爱的人。在世界崩坍的一刻，唯有人与人之间的关系是"真"的。

朋友是自己要的，母亲是不由自己拣的。从前人即使这样想也不肯承认，这一代的人才敢说出来。

——张爱玲

最后一根稻草

同性之间做朋友，难免喜欢比较，虚荣心作祟。炎樱总是用一根手指略带嫌恶地戳一下张爱玲的小腿，然后称她那白皙的腿叫死人白。

也许，因为她不够爱她，也许只是单纯地太爱自己，以至于稍微超出自己所拥有的范围，便要被视为不好。

她自己黑自然心里嫉妒张爱玲的白皙——炎樱的种族或许以黑胖为美，但她毕竟算半个中国人，且一直在中国长大，怎能不懂东方的审美？白皙纤瘦是中国人的心头之好。

因而，她们的关系属于亲密中还略带竞争性的。两个都太过自恋的人，无论如何不会真心爱上对方，因为缺乏体谅与宽容，因而，张爱玲与炎樱自始至终就是个彼此间青春好做伴的朋友。

她一直缺爱，没有谁给过她满足的爱，也没有人给过她欣赏和信任的爱。

父亲那边就不消说了，黄逸梵对她永远是要求多过赞美，就连姑姑张茂渊也说过这样的话：同你在一起人都会变得自大，因为对方太无能。

刻薄的幽默，但听者无论怎样总会在心里留下点儿伤痕。就像她在港大的几年，也是一样的灰暗缺爱，直到她的历史老师佛朗士教授出现。

佛朗士是一位单身汉，英国人，为人有着简单的快乐，反对一切现代化的文明，认为人应当过着返璞归真的生活，在这一点上倒是与《瓦尔登湖》的作者梭罗有着几分相像，难怪晚年的张爱玲还写过一篇关于梭罗的文章，也许在他的身上看到了一点儿当年老师的影子。

他的日子过得十分简朴，自己从来不坐汽车，家里唯一一辆破旧的汽车是给仆人买菜用的。因为为人真诚不喜奉承，因而在港大算是过得不太如意的老师，但是他似乎对此并不介意。他本人是剑桥毕业的高才生，常常能够将呆板严肃的历史课讲得风生水起，课堂上同学们笑声四起。

这是他的魅力，有一段时间张爱玲甚至疑心自己爱上了他。

"他有孩子似的肉红脸，磁蓝眼睛，伸出来的圆下巴，头发已经稀了，颈上系一块暗败的蓝宁绸作为领带。上课的时候他抽烟抽得像烟囱。尽管说话，嘴唇上永远险伶伶地吊着一支香烟。翘板似的一上一下，可是再也不会落下来。烟蒂子他顺手向窗外一甩，从女学生蓬松的鬓发上飞过，很有着火的危险……"

这是张爱玲在《烬余录》里描写的历史教授，不拘一格不拘小节，幽默俏皮带着孩子气。

他很喜欢张爱玲这个学生，大约在张爱玲身上看见了一个新星的兆头，也可能仅仅出于对学业好的贫困女生的怜悯与同情。但是说他对张爱玲仅仅是同情似乎又将他的感情世俗化了，他是伯乐，给了她人生第一份大礼——自信。

在《小团圆》里，写了这样一件事，张爱玲从浅水湾饭店回到学校时，收到了一份厚厚的邮件，打开一看却是许许多多卷了边的或新或旧的港币，数了数，一共八百港币！这在当时来说绝非一笔小数目。

先看末尾签名，是安竹斯（佛朗士）。称她密斯盛（盛九莉，即张爱玲），说知道她申请过奖学金没拿到，请容许他给她一个小奖学金。明年她如果能保持这样的成绩，一定能拿到全部免费的奖学金。

"一数，有八百港币，有许多破烂的五元一元。不开支票，总也是为了怕传出去万一有人说闲话。在她看来这封信是一张生存许可证，等不及拿去给母亲看。"

这笔钱对她来讲不仅是可以缓解她

生活上窘困的钞票，而且是一种证明，她终于可以证明给母亲看她原来不是个无用的人，读书好也可以拿到钱，甚至佛朗士教授说按照她现在的成绩，毕业后可以直接到牛津大学去读研究生。

从前去英国留学的梦又被点燃了。这八百块港币是茫茫海面上指路的灯塔，也是救生服，因为有了它，终于可以扬眉吐气一番，至少在母亲面前自己不再一无是处。

幸亏母亲今日叫了她去，不然还要憋一两天，怎么熬得过去？"心旌摇摇，飘飘然飞在公共汽车前面，是车头上高插了只彩旗在半空中招展。到了浅水湾，先告诉了蕊秋（黄逸梵），再把信给她看。邮包照样包好了，搁在桌上，像一条洗衣服的黄肥皂。存到银行里都还舍不得，再提出来也是别的钞票了。这是世界上最值钱的钱。"

她的喜悦与珍视，隔了那么久远的时光，读着这样富有温度的文字，还令人震撼。

可是，这样一张"生存证书"，世界上最值钱的钱，母亲却说："这怎么能拿人家的钱？要还给他。"

更糟糕的还不是这里，而是黄逸梵以为张爱玲与佛朗士的关系不正常，这些钱大约是女儿的"卖身"钱！在另一本自传体小说里，黄逸梵有一次在张爱玲洗澡的时候莫名其妙地闯了进来——用中国最为古老的方法，"鉴定"她是否还是处子之身。

这样的事情自然让张爱玲出奇愤怒，原本她以为母亲会感到骄傲和希望，谁承想她那样轻视她。压抑着心里的不满，她听话地将钱留在了母亲的桌上。后来两天心里着急得要命，想问黄逸梵怎么处理那笔钱可是又不好意思问，于是一直憋着，简直成了心里的一块病。

然而，再一日去浅水湾母亲那边的时候，恰巧碰见黄逸梵的朋友过来，称他们昨天打牌，黄逸梵输了钱，整整八百块！《小团圆》里这样说道：

"偏偏刚巧八百。如果有上帝的话，也就像'造化小儿'一样，'造化弄人'，使人哭笑不得。一回过味来，就像有件什么事结束了。不是她自己作的决定，不过知道完了，一条很长的路走到了尽头。"

究竟是一条什么样的漫漫长路，又是怎样一件事结束了呢？

那是一条依靠血缘连接着的亲情之路，也是努力想要爱着母亲的一件宏伟的事情，终于结束了，不是经由她的手，而是母亲亲手了结了它，愤怒里夹杂着失望和满不在乎，以至于后来的她在上海写了舅舅家的事情——《花凋》与《琉璃瓦》，舅舅一家生气，从此不跟她往来，她的姑姑笑着说："二婶回来要生气了。"

"二婶怎么想，我现在完全不管了。"不管，是一种放任，你爱怎么样就怎么样，过去如果说还谨慎地想要讨好母亲，如今她如何想自己都不在乎了。不在乎就是放弃，她有这个母亲跟没这个母亲，关系不大。

自从这八百块钱的事情发生后，她对于母亲一直便是这样的态度，那笔钱成为压死骆驼的最后一根稻草。姑姑只好说："她倒是为你花了不少钱。"她则回答她道："二婶的钱我无论如何一定要还的。"像因为赌气而发誓的孩子，以为还清父母为了培养她的钱就算还清了人情一样。

那时候的张爱玲还年轻，没有晚年后的通透与豁达，太爱计较，哪怕与自己有着血肉之亲关系的母亲，也不例外。

"反正她自己的事永远是美丽高尚的，别人无论什么事马上想到最坏的方面去。"张爱玲如是评价她的母亲，虽刻薄了点儿，却也未必不是实情。

因为黄逸梵跟她一样是个自私而自恋的女人，一个自负于自己的美丽，一个自负于自己的才华与魅力，除了自己，天下的女人哪有几个入得了眼呢？

何况，黄逸梵因为漂亮的缘故，从来不缺追求者，兼着本来个性上的刚强，使得别人与她相处起来总感到一股压力，透不过气来。

两个一样只认同自己的女人在一起，简直要了命。

在香港的几个月里，黄逸梵倒是跟张爱玲说了不少成人间的事情，到底把她当作一个成年人来对待了。然而，张爱玲宁愿喜欢童年，她记忆里的母亲永远是那样，换上一身漂亮衣服去跳舞，她就站在过道那儿看着她，替自己找定了一个小客人的位置，尽管是客人的身份，因为有童年的安全感，所以分外留恋。

黄逸梵告诉她说舅舅黄定柱是抱来的，讲当年娘家的一个老嫂子怎样冲破层层检查抱回来一个男婴——若没有这个男婴，那个旧家庭就要将他们孤儿寡母生吞活剥了去。血淋淋的家族感情，令人看了汗毛倒竖。却是真的。

张爱玲在一篇名为《谈看书》的散文里说过这样的话：事实比虚构的故事有更为深沉的戏剧性，向来如此。

她自己的家族故事就是这样的富有深沉的戏剧性。

母亲在谈了那么多娘家陈年往事后，却话锋一转要她尊敬舅舅，将来千万不要去跟舅舅打官司。张爱玲一惊，母亲怎会把她看作这样的人？可黄逸梵却又继续唠叨着："你们家的人啊，谁不知道！"

她始终没把自己当作张家的人，这也是中国绝大多数女性的宿命吧？

她憎恨张家的人，就连没见过面的婆婆李菊藕，她也连带着一起怨恨。因为张家消耗了她的青春，却没给她美好的未来。

花至荼蘼，叶落彼岸

成名、恋爱，这些旧戏里大团圆的戏码轰轰烈烈地上演。她被时代推着向前走，晕眩的名与利、晕眩的爱情，一切来得太快，杀她个措手不及。

然而令人遗憾的是，这是一出苍凉的悲剧。

就算最好的宝石，也需要琢磨，才会发出
光辉来。

——张爱玲

从香港回家后，家还是老样子，姑姑永远是友好而淡淡的，
她不会浓烈地表达关爱，因为习惯"君子之交淡如水"。张爱玲
在作品中曾经就写过她跟姑姑似朋友关系，朋友自然没有亲人来
得热烈，却更投契。

上海也还是老样子，可是看着就满心欢喜，因为它那样真实
可爱，到处都是生活的尘世之美。她爱这样的世界。

刚回到上海的那段日子，张爱玲无所事事，因为找不到未来
的方向，后来想着总是要拿个文凭才好，这样方不负母亲那么多
年的付出，于是跟炎樱一起打算进上海的圣约翰大学。

可是，学费从哪儿来？张爱玲跟弟弟表明了难处，张子静自
告奋勇说他帮忙说服父亲。于是，找了个机会，趁着孙用蕃不在
场的时候，他跟张志沂说了姐姐的情况。彼时，距离当年张爱玲

被毒打以及逃脱张家已经4年了！血脉亲缘的神秘性就在这里，无论当时怎样憎恨，总会不用多言，三言两语就能化解仇恨。张志沂听了只轻声地说了句："你让她来吧。"

时隔几年，张爱玲重新进了这老宅，父亲也许老了些？因为港战的原因，她已经原谅了他，甚至孙用蕃。在生与死面前，一切的仇恨都显得渺小。没有过多的语言，只十来分钟后张爱玲就离开了这所老宅子，此后余生几十年她再没有回过这个家，也没有见过她的父亲。

父女俩若知道这是他们这一生的最后一面，会不会说话的时候语气温柔一些？眼里多一点儿不舍而不是尴尬？然而，历史全无假设的可能。他们，这一世父女情缘缘尽于此。在这所老房子里，她第一次睁开眼睛打量这个世界，他则第一次体会了初为人父的欣喜。如今，他们的一切恩与怨，也结束在这宅子里。但，老房子记得她。永永远远。

炎樱生意人的本性，让她走到哪里都如鱼得水，她在圣约翰大学混得风生水起。她人缘好，张爱玲正好相反。张爱玲跟弟弟抱怨说圣约翰大学的老师不行，课程也不行，于是想要退学。其实，她真实的心理无非仍关于钱。父亲已经给了学费，不好意思再向他要生活费。而母亲远在国外，姑姑，怎么说也不是自己的父母，不能像找父母伸手要钱那样理所当然、理直气壮。何况，她自香港回来后一直借住在姑姑那里，已经给她添了不少麻烦。曾经，黄逸梵这样说过张茂渊，她就是多条狗都嫌烦，何况是张爱玲这样一个活生生的人？！

她总有一种客人的情绪，挥之不去。

她曾经那样渴望在上海有自己的房子，可惜直到她离开内地也没有实现这个愿望。她的一生竟然没有一栋属于自己的房子。人的理想与现实之间的差距往往这样惊人。

为了替姑姑分担点儿开销，她开始尝试写作。之前，在香港的几年里，为了实现比林语堂还要出风头的愿望，她几乎从不用中文写作，除了那篇《我的天才梦》。她一直练习着用英文写作，哪怕是一封短笺也不例外。然而，当她离开了香港回到上海的时候，好似心底里隐藏着的故事一下子就冒了出来。她要为上海人写一段关于香港的传奇，故事不长，点一炉香的工夫也就说完了。她为这个故事起了个别致的名字：《沉香屑·第一炉香》，这篇文章发表在"鸳鸯蝴蝶派"鼻祖周瘦鹃主办的杂志《紫罗兰》上。

有些天才的显现是早慧且一鸣惊人式的，有的则需用滴水穿石的功夫抽丝剥茧。人们喜欢第一种，因为太富有传奇性和戏剧性。幸运的是，张爱玲便是这样的人。从前的她蛰伏得毫不惊人，即便是与好友炎樱一起外出，她也没有丝毫过人之处，人们往往关注炎樱多过她。想来也很正常，天才的乖僻未必是我们寻常人能包容与消化的，反倒是炎樱那充满市井的小聪明小机灵为我们所熟知。

如今，改天换日一般，这"第一炉香"引起了沪上文人的注意，因为这样的字眼实在怪异而新鲜：

"请您寻出家传的霉绿斑斓的铜香炉，点上一炉沉香屑，听我说一支战前香港的故事。您这一炉沉香屑点完了，我的故事也

该完了。"

她的文字从这里已经看出了端倪，用新方法讲老故事。她的文章不似老派那么幼稚保守，也不似新派那样"革命"，更不是新文艺腔的做作无聊。她太过独特，仿佛横空出世般，出现在这个日渐沦陷的孤岛上海。

此后，《沉香屑·第二炉香》《金锁记》《倾城之恋》一气呵成，遍地开花，她忽然间尝遍了被人追捧的感觉。她红了，红得发紫，风头早已盖过了从前的目标——林语堂。

一时间，整个上海滩人人都在谈论她，不知道这位笔底生花的作者什么样，许多热爱她的读者不知从哪儿打探到了她的住址，竟然寻了过去，大有今时今日年轻女子追星的架势。然而，她一概不见，因为实在尴尬，不知面对陌生人该说些什么。不仅是陌生人，就连一些她认识的朋友，如果想要见她，必须提前预约。你若到得早了，对不起，吃个闭门羹，因为她还没有准备好见你；你若到得晚了，更对不住，她一张冷脸打开房门告诉你一句"对不起，张爱玲小姐此时不在"，然后便是一声巨响——"砰"的一声，将访客挡在门外。

从前，跟张爱玲交恶的上海滩女作家潘柳黛，曾经这样说过她，也曾讥讽她的贵族身份就好比太平洋死了一只鸡，上海人家却津津乐道自己喝上了鸡汤。

时隔多年，今时今日我倒觉得潘柳黛说她的事情未必是假，她一向就很清高怪僻，兼之文人相轻，女人之间更是有种天然的虚荣心，喜欢比较，个性不相投者如潘柳黛说出这样的话并不奇怪。

生活在这个人世间，每个人都会遇到一些难堪的人与事，有些甚至是你永远不愿意再见的人，不是因为憎恨而是因为厌恶。

至于，张爱玲成名后这样的反应——不见生客，倒不是她拿架子，而是实实在在不知道如何应付那些热忱的读者，这样的心理几十年后她在给宋淇夫妇的信中也说到了。

万一来者是一位看得感动的女人怎么办？她若在她那里哭哭啼啼如何是好？她天生地不会安慰人，哪怕是黄逸梵在她面前哭泣，她也只是怔怔地，不发一言。

而说她对于来得早来得晚的客人都不面见的事情，也许是她天性里喜欢别人守时，也许是她在香港接受了几年英式教育留给她的习惯。而对于不守时的人，张爱玲不见这样的客人，无可厚非。自然，她若能打开门一张脸笑眯眯地将客人迎进去，还能热情地招待一番，那当然是最好不过的了。

只可惜，那样的人不会是张爱玲，只会是寻常的我们。

但，她并非拒绝所有的陌生人，对一个男人便是例外。这个人就是胡兰成。在她过去二十三年的人生里，感情世界一片空白，好似一直在等待着这样一个人出现。

她曾说自己从未谈过恋爱，所写的文章却几乎篇篇都讲爱情，给人知道了不好。

如今，她命中注定的那个人正循着她的芳香走过来。当时的胡兰成还在南京休养，一日他坐在庭院里翻看苏青寄给他的杂志，随手一翻便是张爱玲的一个小短篇《封锁》。

"开电车的人开电车。在大太阳底下，电车轨道像两条光莹莹的，水里钻出来的曲蟮，抽长了，又缩短了；抽长了，又缩短了，就这么样往前移——柔滑的，老长老长的曲蟮，没有完，没有完……开电车的人眼睛盯住了这两条蠕蠕的车轨，然而他不发疯。"

这是《封锁》开篇的一句话，也正是这样一段话让原本漫不经心的胡兰成心内一惊，坐直了身子又惊又喜地往下看，一个巨大的问号盘旋在他的脑子里：张爱玲到底是谁？

他若知道张爱玲也在等待着他这样一个男人，内心必定欣喜万分吧。眼下，浓烈的兴趣积攒了太多的好感，他是每篇张爱玲的作品都看，每篇都赞好，只要是张爱玲的东西便是好的。胡兰成就是这样一个人。

这个爱情故事的开端实在没有太多令人惊异的地方，无非是出于文人之间的相互吸引，进而引发好奇罢了。然而，我们还是被它吸引，因为实在华美而苍凉。

如果说她的人生是一本精彩绝伦的小说，那么他则是这本书里一直按捺着性子直到高潮时候才出现的人物，人人都想争睹这段万分之一的华美，他却浅尝辄止，甩甩衣袖，走了。留下一个黯然神伤的故事，等着她收尾。

因为懂得，所以宽容
——张爱玲传

于千万人之中遇见你所遇见的人，于千万年之中，时间的无涯的荒野里，没有早一步，也没有晚一步，刚巧赶上了，那也没有别的话可说，惟有轻轻地问一句："噢，你也在这里吗？"

——张爱玲

人世浩渺，能在萍水相逢的故事里生出几许妩媚的香气就是缘分，便算没有辜负一片好春光。

胡兰成自从读了《封锁》后，心内便存了一个愿望，必得亲自登门拜访。他从苏青处得到了张爱玲的住址——关于这一点，我一直有个想法，胡兰成既然与苏青熟识——因为胡兰成遭遇牢狱之灾的时候，苏青曾邀请张爱玲一起到南京去营救他。张爱玲对此却一反常态，答应她跟着去南京，为了营救一个完全陌生的男人。她们摸不着门路，居然跑到周佛海的家里，事后才得知周佛海跟胡兰成压根不对路。

但女人就是这点儿幼稚的莽撞让男人心动。我总怀疑张爱玲通过苏青对胡兰成一定有所耳闻，大约也是看过他的文章，心里多少有点儿欣赏的意味。

而胡兰成既然从苏青那里要到了张爱玲的地址——当时的苏

青不仅自己写文章，同时还是一个俊俏的离了婚的女编辑。她跟胡兰成的关系应该不会止于普通朋友的关系，即便是好友，应当也是有暧昧关系的朋友，因为胡兰成是那样一个男人，只能允许自己下手去捕猎，绝不能允许对自己没兴趣的猎物出现在势力范围内——一般来说，只要他有兴趣，女人总会乖乖地自动缴械投降。《小团圆》里写到他去一个日本人家里避难，五日内竟然与日本主妇发生了关系！

想必，张爱玲对他也是心存好感在先，然后才答应苏青去营救他。在这一点上，实在是两个喜欢他的女人的卖力表演。

胡兰成在对女性的嗅觉方面有着异常的敏感，他必定是得知了她曾经去营救过他——苏青怎能不告诉他呢？放着展现自己的英勇与果敢而不说？这不像苏青的为人。

因而，当他站在静安区常德路上的爱丁顿公寓六楼零五室张爱玲的门前，他一定是志得意满的，他像一个高明的猎人一样，等待着猎物的乖乖投降。

他，这样一个情场老手，与从未恋爱过的女作家周旋，胜负高下立判。

然而，头一遭他却吃了个闭门羹，张爱玲并没有他想象得那样轻易就范。她不见生客，这样的规矩他从苏青那里知道了，但人总是这样，不自己亲身试验过是不大愿意相信的。

见她执意如此，他只好留下一张纸条，纸条上留下了自己的联系电话，这才是重点，他在等着她的主动靠近。有人说爱情犹如高手对弈，谁先动心满盘皆输。

　　他自信满满地回到了自己的
家——美丽园。此时的胡兰成已经阅
人无数，早已不是那个当年从浙江嵊
县胡村走出来的穷小子，他已经见过了
大世界，知晓了女人的千种风情万种妩媚，
对如何吸引不同女性的技巧了然通透。

　　这一次他面对的不是普通的对手，对方是名
满天下的女作家，他即将准备展现的则是作为文人
的自信。

　　他安静地守株待兔。果然，张爱玲第二日便沉不住气打了电
话过来，并且声称自己要登门拜访！这些反常情形，足以说明张
爱玲对他不是一无所知。她那样惧怕见陌生人，只因为害怕无话
可讲，如今却为了这个男人要登门拜访。

　　之前，她为了答谢周瘦鹃先生也没有说登门拜访，而是邀请
他来姑姑的家中。

　　胡兰成接到电话先是有些诧异，然而这诧异只是一时的，因
为他预料到这样的进程，只是比他想象的稍微快了些罢了。

　　像一个想象了太久的地方，等到我们有一日亲临其境的时候，
总觉得熟悉里又有许多不知所措的陌生。人，也是如此。胡兰成
在《张爱玲记》里这样写道初见她的情景："我一见张爱玲的人，
只觉得与我所想的全不对。她进来客厅里，似乎她的人太大，坐
在那里，又幼稚又可怜相，待说她是个女学生，又连女学生的成

熟亦没有。我甚至怕她生活贫寒，心里想战时文化人原来苦，但她又不能使我当她是个作家。"

单单从这几句话里，胡兰成的心思一览无余。张爱玲的身形外貌大约不是他所喜好的，他中意的女人是小巧玲珑而娇俏机灵的，至于个性上则又要体贴宽容而保守的，像他的发妻玉凤。

一个人对异性的审美一旦形成，日后很难改变，看胡兰成一路走来所爱过的女人，统统都是样貌清秀的小女人。张爱玲是个例外，每个人生命里都会有个例外。不按常理出牌，往往遇见这样的命中注定，像经过几世的劫难一样，在劫难逃。

张爱玲对他来讲太过高大，在心理上他没有了怜惜的成分，也少了点儿从前的心理优势，自信会随之减少。这也是人之常情，无论胡兰成怎样说他跟张爱玲是天上人间，神仙眷侣，但终归是普通人的恋爱，寻常男女的婚恋故事，再传奇也要有世俗的底色。看他写这段故事远不及张爱玲来得实在，就是因为他太想要传奇性戏剧性，而张爱玲在为文方面似乎比他更为开阔大气，因而才敢那样不经雕饰地写作。

张爱玲在他面前像个女学生一样拘谨，她见到陌生人总会如此，何况还是个自己有些好感的男人。女人，在遇到自己心仪的男人时，总是过分地紧张，因为紧张导致一系列的错漏失误，事后往往后悔不迭。

胡兰成说她没有女学生的成熟，这句话倒是看出胡兰成多么成熟，毕竟是官场里打滚过的男人，又比她大上个十几岁，自然觉得这个二十二三岁的女作家像个小姑娘般稚嫩。至于担心她生活清贫——一个男人不会无缘无故地友好到担心一个刚认识的女人的生活，除非他对她抱有好感。

事实证明也确乎如此。

"张爱玲的顶天立地，世界都要起六种震动，是我的客厅今天变得不合适了……她的亦不是生命力强，亦不是魅惑力，但我觉得面前都是她的人。我连不以为她是美的，竟是并不喜欢她，还只怕伤害她。"

这种四壁里都是张爱玲的人，可见她气场的强大，连胡兰成这个见惯大场面的男人都要觉得"自惭形秽"，很有种《论语》里说"仰之弥高，钻之弥坚，瞻之在前，忽焉在后"的意思。她太高深、太强大，以至于他觉得满屋子里都是她的人。

"美是个观念，必定如何如何……张爱玲却把我的这些全打翻了。我常时以为很懂得了什么叫惊艳，遇到真事，却艳亦不是那艳法，惊亦不是那惊法。"

张爱玲革新了他的审美观——其实，他的审美一直没变过，只是遇见一个精神上能与自己相通的女人罢了，自然是要颠覆他以往的女性经验。

胡兰成这个人曾经接连很多年在广西湖南做老师，甚至也在燕京大学给副校长抄写文书，一张嘴能说破天，突然面对这样一个奇特的张爱玲，他竟然要跟她斗起来，滔滔不绝地讲——张爱玲也说过他的演讲十分有感染力，何况单对单地演说，不消说张爱玲这个没有任何异性经验的女人，一定被他的各种时髦说法或渊博的知识给震住了。

胡兰成的相貌与张志沂，以及张爱玲一生最为尊敬的偶像胡适先生，都是郊寒岛瘦的一路，面容清秀，身形消瘦。张爱玲对异性的审美始终是这一路的，她曾说张茂渊与奶奶李菊藕喜欢李国杰父子，也全是这样漂亮清秀的长相。

也许，对异性的审美也是遗传的。

胡兰成面对一个毫无爱情经验的女作家，这个感觉实在太过刺激——眼前的这个女人最擅长写爱情，可是她自己都没有恋爱过。她出身高贵，却像个女学生一样稚嫩。他竟然要跟张爱玲斗——他们品评当时的文章，甚至讲到了张爱玲文章好在哪里。

有些人就是这样，才见面却像见过许久的老朋友重逢一般，人与人之间就是有这样奇特的磁场。一如《红楼梦》中宝玉初见黛玉时所说的一样：这个妹妹我是见过的。

他还问到了她的稿酬收入，放在别人身上，张爱玲一定反感得要命，可偏偏眼前这男人她不厌烦，居然老老实实告诉了他。完全不似第一次见面的人，因为实在投契。

张爱玲端然坐着，只顾着听他的高论，时间似流水，静悄悄地流过了刚开始的尴尬与陌生，越来越亲密。

"在客厅里一坐五小时，她也一般的糊涂可笑。我的惊艳是还在懂得她之前。所以她喜欢，因为我这真是无条件……"初次见面的男女就有这样的话说，一连五小时，真是桐花万里路，连朝语不息。

意犹未尽，他送她出去，两个人走在华灯初上的路上。他竟然说："你的身材这样高，这怎么可以？"张爱玲听罢几乎要起了反感，然而终于还是没有。这是将她当作自己的情侣来考量，否则一个男人何必去关心另一个女人的身高。

也许，就是他这样一句话给了她无限的遐想，让她日后加速沦陷进他精心布置的网里。

一切竟然是不可选择的，命里注定，像张爱玲写胡兰成的庶母一样："于千万人之中遇见你所遇见的人，于千万年之中，时间的无涯的荒野里，没有早一步，也没有晚一步，刚巧赶上了，那也没有别的话可说，惟有轻轻地问一句：'噢，你也在这里吗？'"

见了他，她变得很低很低，低到尘埃里，但她心里是欢喜的，从尘埃里开出花来。

——张爱玲

我一直觉得从前的人比我们要懂得浪漫，即便是谈起恋爱来也是这样的别致，全是风情。我们被房子、车子给压垮了，再不敢轻易冒险，就连一趟小小的远足也要掂量再三，生怕这个，生怕那个，说到底就是怕失去。

可，我们手中所握着的东西真的那么可靠吗？世间万物，临了，总有撒手的一日。好在，从前的人谈起恋爱要从容得多，就连定情信物也显得与众不同。

古人，可能是从一首诗、一阕词开始，也可能从一张画开始，张爱玲与胡兰成虽不是什么太远古的人，然而他们的开头总是温情脉脉的。我以为他们的爱情也许始于张爱玲的一张小像。

就在张爱玲拜访过他的第二天，胡兰成就迫不及待地回访她。"她房里竟是华贵到使我不安，那陈设与家具原简单，亦不见得很值钱，但竟是无价的，一种现代的新鲜明亮几乎是带刺激性。阳台外是全上海在天际云影日色里。底下电车当当地来去。张爱玲今天穿宝蓝绸袄裤，带了嫩黄边框的眼镜，越显得脸儿像月亮。三国时东吴最繁华的，刘备到孙夫人房里竟然胆怯，张爱玲房里亦像这样的有兵气。"

一个见惯了大场面的年近四十岁的男人，居然在这里——张爱玲的闺房里起了胆怯。胡兰成这段话我向来是按照两个意思来理解的，一个自然是张爱玲的贵气逼人，连带着她的房间也使人望而生畏；另一个则是这个来自浙江嵊县胡村的男人，无论经过多少的世事，那种根底里的小户人家的自卑感也会在遇到张爱玲这样的世家女时喷涌而出。

不论他如今如何身居高位，从前贫困的经历就像旧年的冻疮，溃烂早已愈合，那酱紫色的难堪却还在，如影随形。

何况，他过去的窘迫又非张爱玲式的落魄——一个是从未富过，一直穷；一个是阔气过然后日薄西山了，自然看透人世间物质的虚妄，尽管也会爱钱，但就像万花丛中过，不会乱花渐欲迷人眼。

胡兰成不同，他是从未真正大富大贵过的男人，又有着不同寻常的野心，因而骨子里一直有种世俗到底的基因，在见着张爱玲这样的"有兵气"的房间陈设时，立刻矮了几分，不再觉得她是昨天那个可怜相的女学生，更不会觉得她贫寒，哪怕她真的贫寒，他也会觉得贵气。衰落的贵族，总给人夕阳无限好的错觉，因为有种参透人生的苍凉在里面。故事太多了，何况还是普通人够不着的故事？

因而，他几乎是一瞬间就被她征服了，原本他像个精明的猎人，她是一只不会奔跑的猎物，如今全乱了。她不费一兵一卒，他已经缴械投降。

"我向来与人也不比，也不斗，如今却见了张爱玲要比斗起来。但我使尽武器，还不及她的只是素手。"

这是胡兰成的大实话。我总觉得使他爱上张爱玲的第一印象，除了她是个才华横溢的女作家外，还有她身上流淌着的贵族血液。胡兰成是小康人家的儿子，或者说连小康也算不上的人家，他多年混迹社会，早已了解了社会上一套"潜规则"，他太需要像张爱玲这样一张拿得出手的王牌。

论家世，论才华，她样样都好，这些他爱过的女人们无一能够与之比肩，别说比肩了，只能是黯然失色。

胡兰成在另一篇名为《两地》的散文里，写了一大段这样扬扬得意的话：

我即欢喜爱玲生在众人面前。对于有一等乡下人与城市文化人，我只可说爱玲的英文好得了不得，西洋文学的书她读书得来像剖瓜切菜一般，他们就惊服。又有一等官宦人家的太太小姐，她们看人看出身，我就与她们说爱玲的家世高华，母亲与姑母都西洋留学，她九岁即学钢琴，她们听了当即吃瘪。爱玲有张照片，珠光宝气，胜过任何淑女，爱玲自己很不喜欢，我却拿给一位当军长的朋友看，叫他也羡慕。爱玲的高处与简单，无法与他们说得明白，但是这样俗气的赞扬我亦引为得意。

这绝对是胡兰成的心里话，因为太过真实。他懂得察言观色，他根据不同的人群，知道他们各自在意的点在哪儿，然后拿出张爱玲的一面就足以令别人汗颜。张爱玲在他这面像个万花筒，他则像个魔术师，需要什么就变出什么。

然而，胡兰成之所以会变得这样功利而富有虚荣心，全赖他从前不幸的经历。因而，我每每读到这些总是体谅，想必张爱玲那样智慧的女人也是如此，我们都是一群不彻底的人，不是彻底的好——圣人，也不是彻底的坏。她不是不清楚他的弱点，只是爱一个人没有那么富有目的性。因为她说过但凡有目的性的爱情就不能称为爱情。

人生最怕的往往是你认清了某个人的好处与坏处，还是飞蛾扑火一样奋不顾身地爱上他。女人，常常如此。张爱玲也不例外。

胡兰成曾经在胡村的家里，通过相亲认识了他的发妻玉凤，玉凤是那种传统的女性，有着朴素的美，跟他一起生儿育女，后来得了重病没钱医治，终于死了。她死的时候，他不在身边，而是四下借钱，准备为她的后事用钱。

他找到了从前一位老朋友……

"我从小承他看得起，我才向他开口借六十元治丧，焉知他简单一句话回绝，说没有。但他且是殷勤留坐，我也且歇一歇脚，只默然喝茶。

"这时外面又来了二人，也是问成奎借钱的，借票写五百元，利息长年一分半，当场现款点交。我一气，站起身要走，成奎又务必留我吃了午饭，我想想还要走路，空肚子是不行的，吃饭就吃饭，饭罢出来，我关照了四哥一声，就急急趱行折回俞傅村，一路上怒气，不觉失声叫了出来'杀！'"

玉凤无力回天，终于恋恋不舍地去了。他带着这样的心情回到了家，抱着发妻还没有僵硬的身体号啕大哭。

"此后二十年来，我惟有时看社会新闻，或电影并不为那故事或剧情，却单是无端的感触，偶然也会潜然泪下。乃至写我自己的或他人的往事，眼泪滴在稿纸上的事，亦是有的。但对于怎样天崩地裂的灾难，与人世的割恩断爱，要我流一滴泪总也不能了。我是幼年的啼哭都已还给了母亲，成年后的号泣都已还给玉凤，此心已回到了天地不仁。"

尝过太多的人情冷暖，才会格外地想要荣华富贵，因为被人狠狠地踩踏过。这样的事情在《今生今世》里很常见，也是他写得最为真挚的地方，因为实在用了感情，倒是比他写张爱玲要来得精彩。

玉凤是他的命，他曾说他们合二为一，是一体的命。因而当他遇见张爱玲的时候，只是枯木逢春般，动了心，要说有多爱，一开始是谈不上的，起码没有张爱玲爱他来得坦荡热烈。

正因为他有着不堪回首的过去，所以他格外需要张爱玲的爱，何况她还是个不谙世事的女人。

这番见面又是大谈特谈文艺，两个人能够于茫茫天地间携手不是没有因由可寻的，他们在话题与兴趣上总是相近的。

也是在这一次见面后，胡兰成终于下定了决心要追求张爱玲。他回去后就给她写了封信，照他自己的话说写得很像幼稚可笑的"五四"时代的新诗，后来自己想着都有点儿难为情。然而，张爱玲并没有如何取笑他，不似她惯有的刻薄与冷僻。胡兰成像得了奖赏，只好称她是谦虚。张爱玲回了信只道是"因为懂得，所以慈悲"。

此后胡兰成似得了鼓励，隔天就去张爱玲的寓所看她。某一日，张爱玲有点儿没头没脑地来了一句："你以后不必再来了。"根据胡兰成的文字记载，他只交代说自己并不觉得有什么冲撞，于是还是照旧去找她。她见了他还是一样的高兴，他索性每天都去了。

这不过是胡兰成狡猾的谎言罢了，他那样阅人无数的人，怎会不知道无缘无故发脾气正是一个女人爱上你的信号？事实是，张茂渊在胡兰成第一次去见张爱玲时，她就说了这样的话：太太也在这边吗？无非是要暗示给自己的侄女听，怕她到底年轻，上了人家的当。

然而，张爱玲那时还没有意识到事态的发展根本不是她所能控制的。

张茂渊眼见着两人打得火热，且越坐越久，她意识到问题的严重性，何况她对于胡兰成汪伪政府高官的身份一定有所耳闻，故而她不得不提醒张爱玲少跟胡兰成来往。

张爱玲毕竟是个动了情的女人，不管她怎样的才华惊人，爱情里的女人总令人担忧。

胡兰成见她并没有不喜欢他去见她的意思，进而大着胆子向她要了张照片，张爱玲便将她一张题了字的照片送给他：

见了他，她变得很低很低，低到尘埃里，但她心里是欢喜的，从尘埃里开出花来。

从来人们只见到张爱玲的尖锐与刻薄，就算是炎樱也没有见过她这样谦卑而诚挚的一刻。这句简单的话被那么多人说起过，只因为美得离谱，三言两语道尽爱上一个人的卑微与欢喜。

但张爱玲的谦卑也不是自降格调，而是一种自谦的说法罢了。她那样孤傲的人，不过遇到了个倾心相爱的人罢了，哪里就一下子变了个人呢？

因为懂得，所以宽容
——张爱玲传

她从来不悲天悯人，不同情谁，慈悲布施她全无，她的世界里是没有一个夸张的，亦没有一个委屈的。

——胡兰成

岁
月
静
好，
现
世
安
稳

中国人讲"泪眼问花花不语"，景随人语。伤心的时候看什么都是灰色，就连一朵花的露珠也成了啜泣的泪水。反之，人逢喜事精神爽。问世间最令人感到喜悦的事情，也许不是金榜题名也不是获人青眼，而是张爱玲所说的那样，最幸福的事莫过于你喜欢的人，他刚好也喜欢你。

情不知所起，一往而深。只有爱情才能给予我们长久的喜乐。

一个人，无论怎样的个性，一旦爱上另一个人，心情便会变得晴空万里，见什么人都想笑，看什么景都是美。胡兰成这样成熟的男人也如此。他在《今生今世》里说到自己有一晚从张爱玲处出来，到了别人家看人打牌，只觉得坐立不安，倒不是因为紧张而是过于兴奋，变得想要啸歌，想要说话，甚至疑心那电灯儿也要笑话他。

胡兰成因为工作的缘故，时常往返于南京和上海之间。到了

上海也不回家，总是先到张爱玲处，说一句："我回来了。"这句话稀松平常，然而，人世里最令人感到温暖的往往是这样平淡无奇的话语，所以民谣音乐人宋冬野在《安和桥》里也套用了这样一句话：你回来啦。

那是亲人的问候，是无间的话语。"晨出夜归只看张爱玲，两人伴在房里，男的废了耕，女的废了织，连同道出去游玩都不想，亦且没有功夫。"热恋中的男女向来如此。

说不完的话——能这样说话的时候暂且毫无顾忌地说吧，总有一天会无言以对的。"我们两人在一起时，只是说话说不完。在爱玲面前，我想说些什么都像生手拉胡琴，辛苦吃力，仍道不着正字眼，丝竹之音亦变为金石之声，自己着实懊恼烦乱，每每说了又改，改了又悔。"

他仍是喜欢跟张爱玲斗法，不服输。实在不是因为他喜欢斗，胡兰成的个性应该就像他自己所言的一样，甚少与人发生斗争，因为他不过是个书生意气的男人罢了。但他在张爱玲面前每每如此，因为她太过优秀，而他与张爱玲相比，唯一的长处只能是知识了，因而不肯罢休，好像为了证明自己确实优秀，张爱玲没有爱错人一样。

但他又说张爱玲是个心狠手辣且十分自私的人，虽然他附带着解释了这样一句："她的自私是一个人在佳节良辰上了大场面，自己的存在分外分明。她的心狠手辣是因她一点委屈受不得。"张爱玲晚年也说她宠爱自己就像一个溺爱孩子的家长。

其实，胡兰成口中的"自私"不过是"自恋"罢了，而"心

因为懂得，所以宽容
——张爱玲传

狠手辣"这样的词语又未免太触目惊心——每每看到这样的地方，总使我疑心胡兰成是否真心爱过张爱玲，或者毕竟爱得没有那么深，才会有后面接二连三的伤害。

"她从来不悲天悯人，不同情谁，慈悲布施她全无，她的世界里是没有一个夸张的，亦没有一个委屈的。"这句话倒是十分中肯，只是说张爱玲没有悲天悯人的情怀，实在令人难以信服。她的悲悯一向是天与地之间的大情怀，从来不需要一点细节的温情来衬托自己的高尚。张爱玲还有过这样的话："一般多数人我都同情。又说即便是十分讨厌的人，你若细细想了发现原不过是个可怜人罢了。"

——可胡兰成却说她没有悲悯，怪不得晚年的她给夏志清先生信中说胡兰成也没老到那样，怎么什么事都说得对不上路。

张爱玲带给他种种新鲜与不习惯。他自己声称有权有势从不使他畏惧，但是学术权威会让他胆怯，倒是让人信服的实话。从来寒门学子的特点便是喜欢挑战权势，以此来宣示自己的清高，但做学问的人则往往不能有如此勇气。

张爱玲不需要像他这样谨小慎微，他说《红楼梦》《西游记》比托尔斯泰的《战争与和平》和歌德的《浮士德》要好，张爱玲只轻描淡写地说句那自然是这样。

说到底，还是她自信，因为家族的环境给了她眼界与这样的从容，就像她那句警世恒言一般的名言——生命是一袭华美的袍，上面爬满了虱子。没有她衰败的大家族，压根写不出这样一半是繁华一半是疮痍的苍凉。

"我自己以为能平视王侯，但仍有太多的感激，爱玲则一次亦没有这样，即使对方是日神，她亦能在小地方把他看得清清楚楚。"还是不自信，到底胡兰成这样的高官是一路辛苦钻营投机得来的，但不是王侯人家的后人，所以只是心理上以为能够与人比肩，临了还是矮了一截。张爱玲不存在这样的顾虑，她知晓王侯背后的千疮百孔，所以从不惊异，就像她日后写到胡适的时候，只觉得偶像都有"黏土脚"——不沾着地的偶像太过假、大、空，张爱玲反感这样的人。

但胡兰成也带给张爱玲无限的想象，她一系列重要作品都发表于两人相恋的这段时间里。爱情是最好的灵感，是幸福的催生剂。

张爱玲天生缺乏安全感，小时候母亲来来去去让她一直当自己是个小客人，而父亲的狎妓与鸦片，继母的刻薄，统统让她没有安全感。她与胡兰成在一起的时候，总还疑心是幻影，常常会不自觉地问一句："这是真的吗？"在自传体小说里甚至写到两人亲吻时她还忍不住问：这是真的吗？

因而胡兰成在《今生今世》里也写到类似的事情，张爱玲每次这样问还必须让他回答，往往弄得他很僵。其实，这也是恋爱中女人的寻常话语，男人认真不得，一旦较真又没意思了。可是男人若一点儿也不重视，又会换来女人更为严重的伤心。女人，就是这点难以伺候。

"你爱我吗？有多爱我？"这样的话几乎每个女人都曾问过她们爱过的男人，与张爱玲所谓的"你的人是真的么"约略一个意思，无非是想听到男人肯定的答复罢了。女人都是用耳朵谈恋爱的，耳朵听了甜蜜的话，心里也蜜似的。

　　胡兰成应该说是个聪明人，因为张爱玲自己只喜欢聪明人。上海人的所谓聪明就是精明，精刮透明，脑子一定要灵活；死板的人，像儒家所谓的"大智若愚"不是上海人概念里的聪明。

　　他说话的时候，她就孜孜地望着他，然后不胜喜悦地说："你怎这样聪明，上海话是敲敲头顶，脚底板亦会响。"情人眼里出西施，那时的她是那么爱他。

　　恋爱就是夸张一个异性与一切异性的区别，果真如此。

　　两个人在一起久了自然会想到谈婚论嫁的事情，然而胡兰成说张爱玲对此没有什么想法——这不过是她清醒而已，哪有不希望安稳生活的女人？男人能给一个女人最好的安稳，也许就是温馨的婚姻生活。

　　她是知道他有妻有子的，并且胡兰成此间还照样去狎妓，他声称张爱玲毫无意见。也许张爱玲从小就听惯了这样的事情，像她的父亲那一辈男人，哪有不狎妓的？然而，说到爱情的排他性，注定了她心里会难过，只是狎妓总比出现第三者来得要好，因为完全是一次性交易，动身不动心。

他的朋友总是想见张爱玲，大概是因为都清楚大作家的社会影响力。但张爱玲一个也不见，除了一位日本人池田，后来张爱玲曾为日本文化着迷过一阵，大约也是这个时期受了影响。

胡兰成三十八岁那一年终于离了婚。他在《今生今世》里用了这样一句出人意料的话——英娣竟与我离异，说得好似他一点儿责任没有的样子。难道眼见着自己的婚姻名存实亡还要这样抱残守缺吗？也许很多女人会如此，但这个叫英娣的女人没有这样，尽管她也曾哭哭啼啼过。从来只有新人笑，哪闻旧人哭？爱情，向来如此。

他与英娣离婚那日去了张爱玲处，满心不舍，满以为张爱玲会安慰或愧疚，至少应当表示点儿不好意思吧？怎知张爱玲根本不同情他，他心内郁郁。我常觉得胡兰成这样的男人是滥情多于多情，他对每个女人都好，不忍伤害她们，最终却没有一个女人不被他伤害！

他软弱，甚至功利。元稹悼念亡妻的诗作"取次花丛懒回顾，半缘修道半缘君"以及"曾经沧海难为水，除却巫山不是云"多深情动人，与胡兰成写玉凤颇有几分相似。然而，这并不妨碍他们接二连三地爱上别的女人，甚至同时爱几个女人。

胡兰成说张爱玲自私，其实他自己才是真正的情感自私，因为他爱天爱地爱女人，远不及爱他自己。

也是在他三十八岁这一年，年方二十四岁的张爱玲与他成婚了，没有任何仪式，当时的汪伪政府已经岌岌可危，害怕举行仪式会为日后的张爱玲招致灾祸。在这一点上，胡兰成总算像个男人作为。

婚书是炎樱做证，张爱玲写"胡兰成张爱玲签订终身，结为夫妇"，胡兰成则写"愿使岁月静好，现世安稳"，当时的他已经隐隐感到时局的动荡，因而才希望一切雨过天晴，风平浪静便是最好的婚姻礼物。

可惜，该来的总会来，亏欠的总要偿还。

命运常常喜欢急转弯，在最得意处让人掉下来，也许是为了更痛让人铭记，然而人类是最擅长遗忘的。

原来道德学问文章亦可以是伪的。真的好文章，必是他的人比他的文章要好，而若他的人不及他的文章，那文章虽看似很好，其实并不曾直见性命，何尝是真的格物致知。

——胡兰成

与半个人类为敌

20 世纪 40 年代的旧上海，虽一度成为纸醉金迷的孤岛，但终究还是免不了被时代的大潮包裹着，那时的中国整个山河浩荡，好不壮烈！

胡兰成常常在上海与南京两地奔波，两处都是活火山，看着平静，不知什么时候就轰然喷发。

"南京就是这点伟大，好像没有古今。我便爱在南京的城墙上走，也不知上去的地方是什么城门，惟见那墙又高又大，在上面只顾迤逦走去，看城外落日长江，城内炊烟暮霭，走了半日到底也走不完。也只有我会做这样的傻事，就只为了山河浩荡。"

此时的南京已经不是当时暮色里悠闲地晃悠着的南京了。

婚后，胡兰成动身去武汉，接收那边的《大楚报》。在武汉，他还带去了周作人的所谓四大弟子之一，沈启无。张爱玲则留守在上海。从前，胡兰成写到周作人的时候是仰望的，可是轮到沈

　因为懂得，所以宽容
　　——张爱玲传

启无则没了那份崇拜。一来因为沈启无是他带到武汉的，二来则是因为一个名叫周训德的年轻护士。

相信两个人刚开始的时候还是"臭味相投"的，只是后来胡兰成竟然说沈启无"秽亵下流"，可见两人有多么互相不待见了。

"原来道德学问文章亦可以是伪的。真的好文章，必是他的人比他的文章要好，而若他的人不及他的文章，那文章虽看似很好，其实并不曾直见性命，何尝是真的格物致知。"这段胡兰成评价沈启无的文字，莫名其妙觉得有时跟胡兰成本人也相符合。

"那周小姐，女伴都叫她小周，我不觉她有怎样美貌，却是见了她，当即浮花浪蕊都尽，且护士小姐们都是脂粉不施的，小周穿的一件蓝布旗袍，我只是对众人都有敬。"

年轻的女孩子不需要美貌，只青春就够了，若能再生得秀气一点儿，最令胡兰成这样的中年文人喜欢。哪里是因为小周好，只怕若换成小李小王也一样。胡兰成赞她洗衣服都比别人干净，烧菜端过来也是端端正正。他是在这个当时仅十七岁的女孩身上寻找到一种父兄的感觉，且他以为自己一肚子才华无处施展，在涉世未深的小周面前正好有用武之地，何况还能扮演一个拯救少女的大人物。

由来有一定成绩的男人都乐意如此，好似他若不教那女子学唐诗作文章又或者不出钱资助她学习，真辜负了他的万丈雄心。张爱玲后来在文章中还讽刺过那些所谓军阀的姨太太们，一个个皆如此，靠着年轻貌美，男人们送她们出国，美其名曰留洋。哪里留什么洋，不过是出去开开眼界罢了。

小周长得清秀而水灵，胡兰成说"她的人就像江边新湿的沙滩，踏一脚都印得出水来"。一个男人对女人的爱情，多半是从这水灵的外貌开始的吧。

就在胡兰成与周训德黏黏糊糊的时候，张爱玲还独自一人留在上海守着他，经常与他鸿雁传书。胡兰成与张爱玲结婚之前不曾提及"婚姻"二字，如今为了小周，他倒是跟她说："训德，日后你嫁给我。"真真当张爱玲是个不存在的女人，简直是空气，他伤害人而不自知，或者说明知故犯，还不知悔改。在这种男女情事上，胡兰成的满嘴扯谎也算是登峰造极了。

他还自己辩称爱玲也不吃醋。世上哪有不懂得吃醋的女人？除非她不爱他。事实上，张爱玲对他的爱恐怕要比他的爱来得忠诚而深厚多了。张爱玲在文章中曾不止一次地说过嫉妒心人皆有之，又在《借银灯》里用略带讥讽的口吻说旧时的所谓妇德，所谓为妻之道，不过是：怎样在一个多妻主义的丈夫之前，愉快地遵行一夫一妻主义。

不仅如此，她还尖锐地提出这样的问题：丈夫在外面有越轨的行动，他的妻是否有权利学他的榜样？

但纵观胡兰成的书稿，他却不止一次说爱玲从来不吃醋——并非爱玲不介意，而是她是那样一个人，表现出嫉妒心来，胡兰成又不会改变，没有实际效果的事情，说了不如沉默。

"我与爱玲说起小周，却说得不得要领。一夫一妇原是人伦之正，但亦每有好花开在墙外，我不曾想到要避嫌，爱玲这样小气，亦糊涂得不知道妒忌。"

他倒是将自己的责任撇得一干二净，好似他与小周相好倒是张爱玲的不是。

胡兰成甚至在与张爱玲的信中不住地提及小周这样好小周那样好，他那样刺激她的神经，当真是把她当作天上的圣女了，以为她连女性在爱情中基本的嫉妒都不会了，真正不懂女人心——又或者不是不懂，只是他为自己洗脱的借口罢了。

小周的事情还没有了，南京汪伪政府就起了翻天覆地的变化，汪精卫去日本医病，胡兰成则惶惶如丧家之犬逃往温州的乡下避难。

张爱玲此时因为受他牵连，已经不太有作品面世，没有作品发表就没有收入，几乎过着愁云惨淡的日子。她在散文和自传体小说里不止一次提过一件关于吃包子的事情。有一次她想吃包子便跟姑姑说了，没有馅子，姑姑问芝麻酱是否可以，她自然说好。包子做好了，两个人对坐着品尝，因为没有酵母的缘故，面皮硬硬的，吃起来像咬着一块皮一样。张茂渊还不住点头称赞说："嗯，不错。"

张爱玲也笑着说"不错"，脸别过去，悄悄地抹了抹眼泪——我们太穷了，简直吃的是"贫穷"。

然而，即便是这样窘迫的日子，胡兰成在温州避难的日子，一直以来都是张爱玲寄钱给他用。一日夫妻百日恩，何况他们曾那样高山流水般，张爱玲那样孤傲的女人，何曾对人说过"因为懂得，所以慈悲"的话呢？只得他一人而已。

像胡兰成自己也说过的话一样，这世间千千万万的男子和女子，只有那一个才是你的夫，只有她才是你的妻，竟是不可选择的，这就是所谓的缘分吧。

不过，也许在情分之外，还有一个重要的原因，乃是之前胡兰成曾从南京带过一大笔钱给张爱玲。张爱玲做人向来恩怨分明，大约也是想到了将来劳燕分飞的一日，不想有所亏欠。千里搭长棚，没有不散的筵席。她十二岁的时候就能说出"人生聚散，本是常事，我们终有藏着泪珠撒手的一天"，又怎会不知道他们的感情没有光明的未来呢？

抛却胡兰成汪伪政府官员的身份，胡兰成自己到处留情的个性也是他们感情路上的障碍。

张爱玲曾说女人能用自己的钱固然骄傲，但若用了丈夫的钱则又是另一番欢天喜地的景象。她在胡兰成面前说起过黄逸梵，她一直想要还母亲为培养她而花费的钱，胡兰成听了进去，所以后来才有了从南京带钱过来的事情。

在这一点上，胡兰成也算仗义，金钱有时也是男女双方感情的试金石。

有时，我常觉得胡兰成像化学元素中特别容易起反应的物质一样，走到哪儿都有风流韵事。他是一刻也不肯停歇的男人，在温州避难的时候还不忘与一个名为范秀美的妇人相好。范秀美人如其名，既秀且美。

　　不过，我倒是从胡兰成一连串的情史里看到了这样一个事实，那就是胡兰成抛却他的人品来看的话，确实是个吸引人的男人，否则不会有那么多女人喜欢他。他样貌清秀，嘴巴又会讨巧，这样的性格向来在女人堆里吃香。

　　中国台湾著名作家朱天文、朱天心曾写过胡兰成晚年到台湾时，依然受到很多女作家的追捧，讨好的方式便是在他面前大段大段地背诵张爱玲的文字，而那时的张爱玲正过着离群索居的日子，独自在洛杉矶忙着从一个地方搬到另一个地方。人生，有时竟是不能够去细思量的。

　　只可惜，凡是爱了他的女人便要承受住被冷落的滋味，甚至要有足够强大的心，眼睁睁地看着一个又一个后来人杀过来，还要面带微笑地迎接，否则就要沦为他笔下与口中的"小气"与"糊涂"。

　　张爱玲还在为小周的出现思量着，他这边已经与范秀美过起了夫妻生活。她以为他们的情感世界里从此后只有她一人，怎知又多了小周——未来还有更多的名字出现，挡得了一个女人，挡不了整个同类——难道要她与半个人类为敌？

　　这是做女人的无可奈何处，即便才情旷古绝今的她也未能幸免，还是要落入这样的俗套里。

我想过，我倘使不得不离开你，亦不致寻短见，亦不能再爱别人，我将只是萎谢了。

——张爱玲

手心的月色再朦胧，总是惘然；手心里的一滴水再清润，时光也会消耗干。

热恋时候的话语，日后想起来总像是隔着朦胧的窗纱，看着那样美，竟然不像真的——如手掬水。

别后相思隔烟水，山水迢迢，偶尔偷偷写一封信，那薄薄的信纸怎能承载厚厚的相思？

想到胡兰成在武汉与温州的风流韵事，莫名想到了卓文君在司马相如有新欢后写给他的一首诗：

一别之后，二地相思。只说是三四月，又谁知五六年。七弦琴无心弹，八行书无可传，九曲连环从中折断，十里长亭望眼欲穿。百思想，千系念，万般无奈把君怨。万语千言说不完，百无聊赖十倚栏。重九登高看孤雁，八月仲秋月圆人不圆。七月半，秉烛烧香问苍天。六月伏天人人摇扇我心寒。五月石榴似火红，偏遭阵阵冷雨浇花端。四月枇杷未黄，我欲对镜心意乱。急匆匆，三月桃花随水转；飘零零，二月风筝线儿断。噫，郎呀郎，恨不得下一世，你为女来我做男。

张爱玲当时的心情约略如此，所以才会心急如焚，等不及地要舟车劳顿去温州乡下看他。

正是春寒料峭的日子，她伴着阴冷的天气南下，那时的她心情一定是焦急里有兴奋，因为完全是期待。

在漫漫的舟船里，她可曾幻想过见面的情景？小别胜新婚，他该有怎样的快慰？

都说贫贱夫妻百事哀，可是在贫贱里不离不弃无论如何都是最动人的爱情篇章吧？

然而，全然不是那么一回事。胡兰成见到她非但没有感到快乐，反而粗声大气地跟她说："你来做什么？还不快回去！"

他倒是个会给自己找台阶和辩解的人。"二月里爱玲到温州，我一惊，心里即刻不喜，甚至没有感激。夫妻患难相从，千里迢迢特为来看我，此是世人之事，但爱玲也这样，我只觉不宜。"做妻子的山一程水一程地去寻找他，他倒是觉得"不宜"，任何人都不会觉得不宜，大约只有他才会如此想法。他为了自圆其说，甚至抬出了这样的说法：别人这样做可以，那是因为寻常夫妻，而他们不是。

神仙眷侣不过是做给人看的，哪有不食人间烟火的伴侣？

胡兰成无非是觉得张爱玲去得不是时候，因为此刻的他身边并不缺乏所谓爱情，范秀美的陪伴削弱了他对张爱玲的思念。类似的事情他也有过，从前他的发妻玉凤跑到学校去找他时，他也有过这样的念头，尴尬中带着不耐烦，只催促玉凤赶紧回乡下。

虽然他解释说并非因为玉凤的穿着与言行似乡下妇人，但我总觉得太牵强。

胡兰成是个彻头彻尾虚荣的男人，看他扬扬得意地向朋友介绍张爱玲的时候便知晓了。他不过是个贪恋权势、贪恋女色的普通男人，而张爱玲满足的是他身份的象征，他多年后还念念不忘这一点，恰好证明了他是怎样的一个人。可惜了张爱玲，原本那样智慧的女人，在爱情面前一样昏头涨脑地被他拖入泥塘而甘之如饴。

他竟然没有主动向张爱玲坦白范秀美的事情，还大言不惭地说因为没有觉得惭愧。

"爱玲并不怀疑秀美与我，因为都是好人的世界，自然会有一种糊涂。"这样的话令人看了只觉得可笑，胡兰成到底是个自私自利的男人，为了掩饰自己的风流成性，竟然罔顾了张爱玲的智慧。

可是，张爱玲多么爱他。"我从诸暨丽水来，路上想着这里是你走过的。及在船上望得见温州城了，想你就在着那里，这温州城就像含有宝珠在放光。"

因为爱一个人，然后爱上一座城，像陈奕迅《好久不见》歌里唱的一样：我来到你的城市……

一个地方让人爱上的从来不是它的繁华甚至也不是它的素朴，而是居于那里的人们。

因为懂得，所以宽容
——张爱玲传

平时，胡兰成照旧跟着范秀美一起，反倒是张爱玲一个人住在旅馆里，等待，等待，像一个完全被动的等着丈夫驾到的妇人。没事的时候，她甚至注意到窗外的一只乌鸦，还笑着告诉他说："我是不迷信的——可是它飞走了的时候，我还是忍不住高兴。"

到底是中国人。张爱玲一生在某些地方总是愿意相信神秘的东西，比如她特别愿意用一副抽签的牌，每有作品要出版前她都会这样"卜一卦"，以测吉凶。直到她晚年在美国也还是如此，只可惜后来那副牌丢失了。

中国人在这些神秘力量面前总是宁愿信其有，不愿信其无。

但张爱玲的"宁愿信其有"则是因为关心则乱，无论胡兰成是个怎样的男人，无论他被多少人穷追猛打，对她来讲仅仅是自己爱的人。

只是她还不明白的是，此时的胡兰成对她早已没了当初的热情，甚至她在他心中已经不是第一位的女人。

他坐在她临时租住的旅馆里，两人说着些有的没的，他隐隐觉得肚子有些痛，但是一直忍着不说，直到范秀美到了，他才告诉她说自己肚子痛。

可以想见张爱玲的惊异与酸痛，与自己相伴两三年的人，对着自己都不肯说的话，如今却跟另一个女人像话家常一样说了出来。

这件事情虽小，然而到底是伤着了她。从来，一个人在痛苦或危险时想到的第一个人便是自己全心所爱的人。

张爱玲因见范秀美生得漂亮，便自作主张要给她画小像，怎知画了一半她却画不下去了，叹口气跟胡兰成说："我只觉得她的眉眼都是你的。"

心心相印的男女，因为生活在一起的缘故，常常在言行上甚至气质上都有相似之处，让她难过的必定是这样的根底。她原本抱着希冀过来寻他，没有寻回那颗热烈的心，只带回一肚子的怨与无可奈何。

此时的张爱玲大约已经想到了日后分别，所以让胡兰成在她与小周之间做个选择——多么卑微的爱，一代才女竟然沦落到这步田地。爱情的世界里果然是公平，管你什么人，丘比特的箭射中你，你只能承受。

她这样问他，虽也料到他的反应，但总算是给两个人的姻缘最后一次机会。"我待你，天上地下，无有得比较，若选择，不但于你是委屈，亦对不起小周。人世迢迢如岁月，但是无嫌猜，按不上取舍的话。而昔人说修边幅，人生的烂漫而庄严，实在是连修边幅这样的余事末节，亦一般如天命不可移易。"

胡兰成这样想两全其美，可天底下哪有鱼与熊掌都能兼得的美差呢？

他这番话叫张爱玲伤透了心："你说最好的是不可选择的，我完全懂得。但这件事还是要请你选择，说我无理也罢——你与我结婚时，婚帖上写现世安稳，你不给我安稳？"

然而面对她的诘问，他还是百般推脱。终于引得她说了这样的话："你到底是不肯。我想过，我倘使不得不离开你，亦不致寻短见，亦不能再爱别人，我将只是萎谢了。"

常有人说离开胡兰成的张爱玲，萎谢的不只是爱情还有才华，约略有几分道理。

她在温州住了二十来日，本意还想住段时间，可惜胡兰成一味催促她回上海。她倒是成了他跟范秀美之间的第三者了，黯然离别的一刻，她知道已经无法挽回属于他们的情感，只是感到锥心的痛苦，像被马蜂蜇了般，爱情的甜蜜还没来得及品尝，却已被它弄得遍体鳞伤。

"那天船将开时，你回岸上去了，我一人雨中撑伞在船舷边，面对滔天的黄浪，伫立涕泣久之。"老天爷都应景，宁愿下雨天，让雨水洗刷心里的灼热，雨水和着泪水，汩汩而下，分不清是天意还是人意。

她觉得真正的爱是没有出路的，不会有婚姻，不会有一生一世的扶持，一无所求，甚至不求陪伴。

——张爱玲

千疮百孔 的爱

自温州回到上海的张爱玲，过了段她二十多岁的人生里最灰暗的日子，没有爱人——她爱的人在爱着别人，没有收入，无人问津。

她从上海滩最红的女作家，变成了一个过街老鼠似的"汉奸文人"。

过去热捧她的人，全部远离了她；过去赞美她的人，开始怀疑她的人品。

——从文品到人品，各路打击接踵而来。在《小团圆》里，她甚至写到了一个文坛上的老朋友，从前因为被日本宪兵逮捕，张爱玲与胡兰成营救过，哪知释放以后一次在公交车上相逢，他却趁机"吃豆腐"——果然是"汉奸妻皆可戏"。

这样的事情即便是"小说家言"，恐怕也是当年她遭遇的投射，实际情况比小说里的境遇好不到哪里去。

因为懂得，所以宽容
——张爱玲传

她从来不让人占便宜，可是也从不愿意对别人有所亏欠。胡兰成曾经放在她那里的一笔钱，渐渐地也被用空了——说是要还给黄逸梵，可是当她把一箱子钱递到母亲面前时，母亲却是又惊又愧，哭着说不要。张爱玲，说到底还是不理解一个母亲的心思。从来做父母的只是嘴上抱怨几句罢了，哪会真的让子女偿还经济上的付出。

　　但胡兰成不一样，她不能对他有所亏欠。她早已想好了分手，只是不愿意提出来，因为那时的他毕竟是在东躲西藏中，为着这夫妻之间的最后一点缘分，她一直在等待一个合适的机会。

　　其间胡兰成有一回回到上海，在张爱玲那里住了一晚，却是分居的状态，一宿无话，待到清晨他起身准备告别时，张爱玲却只抱住他喃喃地叫了句"兰成"便泣不成声。胡兰成不明就里，只有她自己心里清楚他是不爱她了，而她也终将决定离开他。

　　这期间她认识了上海著名导演桑弧，当年的上海滩是中国电影事业的中心。桑弧邀请张爱玲为他们公司撰写故事，编剧她没做过，不清楚该如何进行。桑弧鼓励她说：我也不知道怎么导演电影，都是慢慢来的。张爱玲听了便有了信心，回家看了些西方的剧本格式，很快便写出来《不了情》。《不了情》的剧情与主要内容贯彻她小说的风格，寻常男女悲欢离合。这部电影算得上是一部中国式爱情悲剧，一经上映立刻风靡上海滩。

　　一炮而红的局面令桑弧备感欣喜，自然张爱玲也同样开心，一辈子喜欢看电影，想不到自己编剧的作品能如此受到观众的喜爱——这证明她虽然有两年没怎么写东西，却从未脱离过普罗大众，否则不会知晓如何写一部观众爱看的电影。

两个人决定趁热打铁，在这件事上张爱玲是分秒必争的，她一向喜欢锦上添花，从前出版《传奇》便是如此，趁着读者对你还有几分喜欢赶紧出版新的篇章。因而，电影也同样如此。她很快便写了另一部令人啼笑皆非的喜剧《太太万岁》，跟上一部一样，观众十分喜爱这部电影。

两部电影的成功为张爱玲带来一笔可观的收入，她终于可以直起腰来写这样一封富有尊严的信：

"我已经不喜欢你了。你是早已不喜欢我的了。这次的决心，我是经过一年半的长时间考虑的，彼时惟以小吉故，不欲增加你的困难。你不要来寻我，即或写信来，我亦是不看的了。"

随信附赠的还有三十万元，正是她写电影剧本的稿费。胡兰成接到信以后写下了这样的话："当下我看完了这信，竟亦不惊悔。因每凡爱玲有信来，我总是又欢喜又郑重，从来爱玲怎样做，怎样说，我都没有一件，只觉得她都是好的。今天这封信，我亦觉得并没有不对。我放下信，到屋后篱落菜地边路上走走，惟觉阳光入睡，物物清润静正，却不知是夏天，亦不知是春天秋天……"

张爱玲的来信使他感到一种苦楚，但是他却没有回信的意思，也没有去寻找她，只是过了两日他给张爱玲的好友炎樱写了封顾左右而言他的信，结果自然炎樱只字不提。

山河浩荡，在这浩渺的人世里，他们相伴着一起过了三年，然而，终于还是要分手。"爱玲是我的不是我的，也都一样，有她在世上就好。我仍端然写我的文字，写到《山河岁月》里的有些地方，似乎此刻就可以给爱玲看，得她夸赞我。有时写了一回，出去街上买块蛋糕回来，因为每见爱玲吃点心，所以现在我也买来吃……"

到底还是惦念的。胡兰成是这样一种男人，你只有离开他，让他失去你不再拥有你的时候，他才会格外惦记你的好。你若日日与他伴在身边，他只会加速厌倦你。他是女人眼中温柔多情的情人，不是相濡以沫的丈夫。

自始至终，他一直如此。

晚年的张爱玲，曾经在与宋淇夫妇的通信里，提及亦舒在报上大骂胡兰成一事，张爱玲直说骂得好，可见这怨恨几十年后还没有消。

然而，这些都是对别人说的，自己内心的感情恐怕要复杂得多。女人是这样的动物，在朋友面前可能会大骂某个负心汉，一转脸独自面对时却又深情款款，满心的不舍。

在《小团圆》里，她写到自己三十岁时记下的话："雨声潺潺，像住在溪边。宁愿天天下雨，以为你是因为下雨不来。"第一次全心爱过的人，无论他多么糟糕，总是特别的。

"她从来不想起之雍，不过有时候无缘无故的那痛苦又来了……有时候也正是在洗澡，也许是泡在热水里的联想，浴缸里又没有书看，脑子里又不在想什么，所以乘虚而入。这时候也都不想起之雍的名字，只认识那感觉，五中如沸，混身火烧火辣烫伤了一样，潮水一样的淹上来，总要淹个两三次才退。"

这样的伤痛，若非爱过的人简直无法理解，爱情本来就像是一场高烧，烧得人失去理智，怎知失去的时候还是如此，像患了风寒，抽丝剥茧般，好得奇慢无比。

她做梦，梦见"青山上红棕色的小木屋，映着碧蓝的天，阳光下满地树影摇晃着，有好几个小孩在松林中出没，都是她的。之雍出现了，微笑着把她往木屋里拉。非常可笑，她忽然羞涩起来，两人的手臂拉成一条直线，就在这时候清醒了。二十年前的影片，十年前的人，她醒来快乐了很久很久……"

曾经她竟是幻想过跟他天长地久，有一群孩子，过着寻常主妇的日子……原来最美的都在梦境里，原来爱情不过是一场梦幻，梦里哄得人开心——只是太短暂。自从那一次抱着他哭着喊了一句"兰成"便泣不成声后，他们这一生东奔西走，再也没有相逢过。

后来的他去了中国台湾又去了日本，最后老死在东洋，而张爱玲亦在中华人民共和国成立后不久辗转中国香港去了大洋彼岸的美国，并去世于美国，再也没有回到上海过。

他们这一生算是结束了，然而我知道她一定没有后悔过，因为她是那样的一个女人，敢爱敢恨，干脆利落。胡兰成是她的缘还是她的劫，没人能讲得清，只怕她自己也说不好。

我们这一生里，约略都会遇见一个那样的男人，为了他飞蛾扑火，最后自己也落得个残肢，再也不能完整地去爱另一个人。

曾经说好的"签订终身"，然而终于逃不过命运的翻云覆雨之手。年轻时候所谓的永远与一生一世，不过是三年五载吧——中年以后说起十几年前的事还像昨天一样。时间啊，任何人在它面前都是输家。

因为懂得，所以宽容
——张爱玲传